Alex Rühle

Ohne Netz
Mein halbes Jahr offline

Blue Line

Alex Rühle

Ohne Netz
Mein halbes Jahr offline

Lehrerhandbuch
von Kerstin Sonnenwald

Ernst Klett Sprachen
Stuttgart

Bildquellennachweis

35.1 shutterstock (Callahan), New York, NY; **35.2** shutterstock (Alhovik), New York, NY; **36.1** shutterstock (SimonasP), New York, NY; **36.2** shutterstock (rvrspb), New York, NY; **39** shutterstock (Sweet Lana), New York, NY; **40.1; 40.2; 40.4; 40.5** shutterstock (Ildogesto), New York, NY; **41.1; 41.2; 41.3; 41.4; 41.5; 41.6; 41.7; 41.8** shutterstock (Ildogesto), New York, NY; **42** shutterstock (Callahan), New York, NY

Sollte es einmal nicht gelungen sein, den korrekten Rechteinhaber ausfindig zu machen, so werden berechtigte Ansprüche selbstverständlich im Rahmen der üblichen Regelungen abgegolten. Die Positionsangabe der Bilder erfolgt je Seite von oben nach unten, von links nach rechts.

1. Auflage   1 ⁵ ⁴ ³ ² ¹ | 2016 15 14 13 12

Alle Drucke dieser Auflage sind unverändert und können im Unterricht nebeneinander verwendet werden. Die letzte Zahl bezeichnet das Jahr des Druckes. Das Werk und seine Teile sind urheberrechtlich geschützt.
Jede Nutzung in anderen als den gesetzlich zugelassenen Fällen bedarf der vorherigen schriftlichen Einwilligung des Verlags. Hinweis zu § 52 a UrhG: Weder das Werk noch seine Teile dürfen ohne eine solche Einwilligung eingescannt und in ein Netzwerk eingestellt werden. Dies gilt auch für Intranets von Schulen und sonstigen Bildungseinrichtungen. Fotomechanische oder andere Wiedergabeverfahren nur mit Genehmigung des Verlags.

© Ernst Klett Sprachen GmbH, Rotebühlstraße 77, 70178 Stuttgart 2012. Alle Rechte vorbehalten.
Internetadresse: www.klett.de / www.lektueren.com

Autor: Kerstin Sonnenwald

Redaktion: Stefan Hellriegel, Sebastian Weber
Gestaltung, Satz und Cover: Sandra Vrabec
Umschlagbild: Sandra Vrabec
Druck und Bindung: Digitaldruck Tebben, Biessenhofen
Printed in Germany

ISBN 978-3-12-666901-6

Inhaltsverzeichnis

Vorwort 6

Einführung 7

Module

Modul 1 11
    1.1 Verzichten und Gewinnen 11
    1.2 Wer ist der Proband? 12
    1.3 Die Denkwelt von Alex Rühle 14
    1.4 Sucht und Entzug: die Geschichte von Thomas Mohol 16
    1.5 Das Glück des Fastens 18
    1.6 Schreckgespenster Eisenbahn und Internet 20
Modul 2 21
    2.1 Die Exkurse: Fernglas oder Lupe? 21
    2.2 Wo die tollen Geschichten herkommen 24
    2.3 Tagebuch: (Über-)Lebenshilfe, Selbstergründung, Kommerz? 26
    2.4 Wortakrobatik und Umgangssprache 27
    2.5 Generationenkonflikt Internet 30
Modul 3 32
    3.1 Am Ende: Lob und Kritik 32
    3.2 Wiederbegegnung mit Alex Rühle: zwei Projektvorschläge 33
Klausuren 34

Kopiervorlagen

    1 Verzichten und Gewinnen 35
    2 Wer ist der Proband? 36
    3 Die Denkwelt von Alex Rühle 37
    4 Sucht und Entzug: die Geschichte von Thomas Mohol 38
    5 Schreckgespenster Eisenbahn und Internet 39
    6 Die Exkurse: Fernglas oder Lupe? 40
    7 Tagebuch: (Über-)Lebenshilfe, Selbstergründung, Kommerz? 42
    8 Wortakrobatik und Umgangssprache 43
    9 Generationenkonflikt Internet 45
  10 Am Ende: Lob und Kritik 46
  11 Begegnung mit Alex Rühle: eine Lesung organisieren 47
  12 Klausurvorschläge 48

Vorwort

Zoom. Näher dran. Die Texte dieser Lektüre-Reihe sind aktuell, sie sind schülernah und inhaltlich breit gefächert.
Die ausgewählten Bücher beschäftigen sich mit Themen, die Schülerinnen und Schüler betreffen und für die sie sich wirklich interessieren – eine gute Voraussetzung für aktive und lebhafte Unterrichtsbeteiligung. Die Texte spiegeln aktuell relevante Diskurse – auf historischem, politischem, gesellschaftlichem, philosophischem oder ästhetischem Gebiet. Die Sprache ist den Jugendlichen nahe und kommt ohne literarische Manierismen aus. So werden auch Schülerinnen und Schüler zum Lesen motiviert, die an der klassischen Deutschlektüre wenig Gefallen finden. Zugleich wird der häufig geäußerte Schülerwunsch aufgegriffen, aktuelle Bücher im Unterricht zu besprechen. Die Lektüren der Reihe *Zoom. Näher dran* können zur Auflockerung und Motivation zwischen zwei Pflichtmodulen oder am Ende des Schuljahres eingesetzt werden. Man muss nicht viel Zeit investieren, um die Texte zu lesen, denn sie sind – unter Mitwirkung der Autoren – gekürzt und mit wenigen erklärenden Fußnoten versehen. Die Lehrerhandreichungen machen Vorschläge für etwa 10 Unterrichtsstunden, in denen eine Lektüre facetten- und abwechslungsreich unterrichtet werden kann. Die Vorschläge sind so angelegt, dass sie sich bei Bedarf intensiver oder kompakter durchführen lassen. Sie vermitteln Anregungen, wie man sich mit einer eher leistungsschwachen oder aber mit einer besonders leistungsstarken Lerngruppe der Lektüre nähert.

Kaum etwas beschäftigt die Jugendlichen heute so intensiv wie das Internet. Die Begeisterung ist groß. Unter Erwachsenen dagegen wird höchst kontrovers über die möglichen Gefahren diskutiert. In *Ohne Netz – Mein halbes Jahr offline* berichtet der Journalist Alex Rühle von seinem entbehrungsreichen, halbjährigen Verzicht auf das Internet. Die Lektüre bietet die Gelegenheit, mit Schülerinnen und Schülern ohne moralischen Zeigefinger über Möglichkeiten und Grenzen des Internets ins Gespräch zu kommen. Die Lehrerhandreichung schlägt verschiedene Aspekte vor, unter denen die Diskussion geführt werden kann: Was geben Jugendliche auf Facebook preis? Ab wann ist man eigentlich mediensüchtig? Ist die Kontroverse um das Internet vielleicht ein Generationenkonflikt? Dabei bieten sich Ausblicke auf die Geschichte der Technik, auf medizinische Aspekte von Suchterkrankungen und auf gegenwärtige gesellschaftliche Veränderungen an. Diese Fragestellungen ergeben sich stets aus der genauen Textanalyse und -interpretation. Der Text ist dabei nicht nur Stichwortgeber, er steht im Mittelpunkt der Unterrichtsreihe: *Zoom. Näher dran* an Schüler, Text und Thema.

Einführung

Zum Inhalt

Der Feuilleton-Redakteur Alex Rühle verzichtete von Anfang Dezember 2009 bis Ende April 2010, also ein halbes Jahr lang, freiwillig auf das Internet. Diese Zeit dokumentierte er in einem Tagebuch. *Ohne Netz – Mein halbes Jahr offline* war von vornherein für eine Veröffentlichung geplant, ist also explizit adressatenorientiert. Rühle richtet sich insbesondere an Leser, die – wie er selbst – unbedingt 24 Stunden am Tag online sein wollen, obwohl sie unter der dadurch entstehenden Rastlosigkeit und Überforderung leiden. Rühle will sich zudem in den aktuellen Diskurs einmischen, der über die Chancen und Gefahren des Internets geführt wird.

Er schreibt von den praktischen Problemen, denen er „ohne Netz" gegenübersteht, sei es beim Buchen eines Fluges, bei Absprachen mit Kollegen oder Freunden oder beim Recherchieren für einen Artikel. Mehrfach vergleicht er den Verzicht auf das Internet mit einem Drogenentzug. Der Leser erhält zahlreiche Einblicke in den erschwerten Berufsalltag und erfährt einige Details über Rühles Privatleben. Viele Erlebnisse berichtet Rühle als groteske, pointierte Anekdoten. Diese verknüpft er mit literarischen Zitaten oder er stellt ihnen theoretische Betrachtungen zum Thema „Internet" gegenüber. Sie sind besonders im ersten Drittel des Tagebuchs zu finden. Eine Sonderstellung nimmt die Begegnung mit dem Soziologen Hartmut Rosa ein. Rühle liest zunächst begeistert dessen Essay *Beschleunigung – Die Veränderung der Zeitstrukturen in der Moderne* (2005) und lernt Rosa anschließend persönlich kennen. Dabei muss Rühle feststellen, dass auch der Experte Rosa unter der beschleunigten Kommunikation und der dadurch zunehmenden Arbeitsbelastung leidet. Noch einen anderen Erzählstrang nimmt Rühle immer wieder auf: die Bekanntschaft mit Thomas Mohol. Dieser sitzt während Rühles Experiment im Gefängnis. Rühle und Mohol schreiben sich regelmäßig Briefe. Für beide ist diese altmodische Form der Kommunikation eine neue Erfahrung. Häufig tauschen sie sich über die Schwierigkeiten aus, die das Leben ohne Internet mit sich bringt, denn Mohol muss in der Haft zwangsweise darauf verzichten. Rühle spiegelt seine eigene Situation in der Mohols wider.

Im Nachwort, ein Jahr nach dem Versuch geschrieben, definiert Rühle ein letztes Mal seinen Standpunkt im Diskurs über das Internet, dessen Möglichkeiten er schätzt und auf das er nicht dauerhaft verzichten möchte. Vor übermäßigem Gebrauch allerdings warnt er, ohne sagen zu können, wie das bei den verführerischen Möglichkeiten des Internets funktionieren soll. Rühle selbst hat das Experiment als wohltuendes Regulativ erfahren.

Zum Stil

Vergleiche sind neben Selbstironie und satirisch-grotesken Übertreibungen stilbildend für Rühles Tagebuch. Rühle bedient sich vieler Wortschöpfungen, schreibt alltagssprachlich und spontan. Vor allem die späteren Monate enthalten weniger und kürzere Einträge als die ersten. Den Leser spricht Rühle direkt an. Der Text erinnert darum mehr an einen Blog als an das klassische Tagebuch. Die kurzen Zusammenfassungen dagegen, die jedem Monat vorangestellt sind und in denen Rühle von sich in der dritten Person spricht, zeigen, dass das Tagebuch konstruiert ist. Die Zusammenfassungen erinnern an die ausführlichen Kapitelüberschriften eines Schelmenromanes.

Rühle sieht sich gerne in der Rolle des Schelms, das geht unter anderem aus dem Eintrag vom 5. Januar hervor, in dem er Grimmelshausens *Simplicissimus* als sprachliche Folie benutzt.

Über den Autor

Rühle wurde 1969 geboren. Er studierte Komparatistik, Romanistik und Philosophie in München, Paris und Berlin, er war unter anderem als Entwicklungshelfer, Stadtcafékellner und Klinikclown tätig. Seit 2001 arbeitet als Feuilleton-Redakteur der *Süddeutschen Zeitung*. Rühle ist verheiratet, hat zwei Kinder und lebt in München. *Ohne Netz – Mein halbes Jahr offline* ist sein erstes Buch.

Didaktisch-methodische Überlegungen

Für Jugendliche ist das Internet ein aktuelles Thema: Es bestimmt zu einem großen Teil ihre Kommunikation, ihren Wissenserwerb und ihre Freizeitgestaltung. Nicht nur Eltern und Lehrende sehen darin auch eine Gefahr. Es vergeht kaum ein Tag, an dem nicht in einer der großen Zeitungen ein Artikel vor den Gefahren des Internets warnt. Ebenso häufig wird darauf hingewiesen, dass beispielsweise die revolutionäre Entwicklung in Nordafrika im Jahr 2011 ohne das Internet und die neuen sozialen Netzwerke nicht möglich gewesen wäre. Das Thema „Internet" ist also brisant und kontrovers diskutiert. Allein aus diesem Grund ist es sinnvoll, eine Lektüre im Unterricht zu behandeln, die sich nachdenklich mit dem Internet auseinandersetzt, deren Autor aber gleichzeitig dessen Möglichkeiten schätzt und phasenweise seiner Verführungskraft erlegen ist. Letzteres motiviert im besten Fall auch solche Schülerinnen und Schüler, die ansonsten ungern lesen und ihre Zeit lieber online verbringen.

Ein weiterer Aspekt von Rühles Tagebuch greift die Lebenswelt der Schülerinnen und Schüler auf: die Tatsache, dass der Selbstversuch einer Sehnsucht nach Orientierung entspringt. In einer multikulturellen Welt, in der vieles erlaubt und fast alles möglich ist, in der traditionelle wie virtuelle Kaufhäuser für jeden Wunsch quasi rund um die Uhr ein Angebot bereithalten, wächst diese Sehnsucht. Um sie zu befriedigen, wird vieles ausprobiert. Was und wie ausprobiert wird, ist altersabhängig. Junge Menschen neigen eher dazu, sich in der Fülle der Möglichkeiten zu tummeln, ältere sehen auch im Verzicht einen Reiz, sogar einen großen. Der Verzicht – auf was auch immer – gehört zum Zeitgeist. Auch er spiegelt sich in den Tageszeitungen und ihren Magazinen wider, wo Journalisten und Prominente über mehr oder weniger abwegige Fastenabenteuer berichten. Mag Jugendlichen der freiwillige Verzicht eher fremd sein – zumal der auf das Internet –, die dahinterstehende Sehnsucht kennen sie.

In dreifacher Hinsicht fördert die Beschäftigung mit Rühles Tagebuch die Medienkompetenz der Schülerinnen und Schüler: erstens, indem sie sich lesend einen Text aneignen, zweitens, indem sie sich kritisch mit dem Internet und seinen Auswirkungen auseinandersetzen, und drittens, indem sie Einblick in die Welt des Journalismus bekommen.

Da Rühle aus einem reichen historischen und geistesgeschichtlichen Wissen schöpft, sind die Schülerinnen und Schüler aufgefordert, ihren Bildungskosmos zu erweitern und Rühles Denkmuster zu verstehen. Gleichzeitig ist Rühles Text nicht theorielastig. Rühle schreibt witzig und satirisch, was dem Zugriff vieler Jugendlicher auf die Welt entspricht. Der Text bietet die Möglichkeit, über Funktionen dieser sprachlichen Mittel zu reflektieren. Da Rühle für seinen Erfahrungsbericht die Form des Tagebuchs gewählt hat, lohnt es sich, diese Gattung genauer zu untersuchen. Das Tagebuch blickt einerseits auf eine lange literarische Tradition zurück und hat andererseits im Blog eine neue Form gefunden. Zwischen diesen Polen ist Rühles Text anzusiedeln.

Der umgangssprachliche Ton und die Nähe zum Sachbuch muss nicht als Mangel aufgefasst werden – im Gegenteil. Rühles Sprache wird von den Schülerinnen und Schülern verstanden und geschätzt. Das ist eine gute Voraussetzung dafür, dass sie den Text gerne lesen und sich ernsthaft mit den darin behandelten Themen befassen: Internet, Fasten, Strafvollzug, Familie, Journalismus, Musik, Literatur, Philosophie. Die Vielfalt der Themen bietet sich für fächerverbindende Fragestellungen an.

Hinweise auf naheliegende Fächerverbindungen werden in den einzelnen Unterrichtsvorschlägen mit dem Deutsch-plus-Symbol gekennzeichnet:

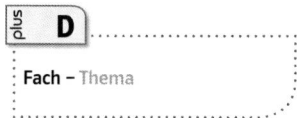

Die Unterrichtsvorschläge

Die Unterrichtsvorschläge sind so konzipiert, dass sie

- eine kritische Auseinandersetzung mit dem Thema Internet ermöglichen – auf der fremden und der eigenen Erfahrung basierend,
- das Weltwissen der Jugendlichen bereichern,
- das sprachliche Ausdrucksvermögen erweitern,
- die Sprachreflexion schulen und
- die analytische und kreative Schreibkompetenz fördern.

Die Vorschläge dieser Lehrerhandreichung sind für die Klassenstufen 9 und 10 entwickelt,

- weil das Thema „Internet" die Lebenswelt der Schülerinnen und Schüler in diesem Alter aufgreift,
- weil 14- bis 16-Jährige das nötige Weltwissen mitbringen, um den Text ohne allzu viele Erläuterungen zu verstehen,
- weil mit der Behandlung des Textes jene Kompetenzen eingeübt werden können, die in den Klassenstufen 9 und 10 in den Lehrplänen vorgesehen sind,
- weil in diesen Jahrgangsstufen – im Gegensatz zur Kursstufe – zeitlich die Möglichkeit besteht, eine Lektüre zu behandeln, die nicht zum klassischen Kanon gehört.

Zur Benutzung der Lehrerhandreichung

In den Unterrichtsvorschlägen wird immer wieder darauf hingewiesen, wie die einzelnen Arbeitsaufträge mit einer schwächeren oder stärkeren Lerngruppe durchgeführt werden können. Entsprechend sind die Aufträge auch binnendifferenzierend einsetzbar.

In Modul 1 werden inhaltliche Aspekte in den Blick genommen. Die Schülerinnen und Schüler nähern sich dem Autor, beschäftigen sich anschließend mit wichtigen Erzählsträngen, mit dem Diskurs über das Internet. In Modul 2 stehen formale und sprachliche Aspekte im Fokus. Die Schülerinnen und Schüler untersuchen die Funktion und Machart von ausgewählten Exkursen. Sie setzen sich mit der Textsorte Tagebuch sowie sprachlichen Besonderheiten in Rühles Text auseinander. Zur Nachbereitung der Lektüre werden das Schreiben einer Rezension und zwei Projekte vorgeschlagen. Zwei Klausurvorschläge schließen die Lehrerhandreichung ab.

Die Arbeitsaufträge wurden methodisch möglichst offen angelegt, so können sie passend zur Lehrerpersönlichkeit und Lerngruppe eingesetzt werden. Insgesamt steht eine genaue Beschäftigung mit dem Text im Vordergrund. Darum gibt es zahlreiche Arbeitsphasen, in denen die Schülerinnen und Schüler einzelne Passagen gründlich lesen und auswerten sollen. Besonders ergiebige Tagebucheinträge werden mehrmals unter verschiedenen Aspekten untersucht.

Die Lehrerhandreichung ist so angelegt, dass jeder Lehrende selbst entscheiden kann, ob die Lektüre von den Schülerinnen und Schülern vorbereitend oder begleitend gelesen werden soll. Bis einschließlich Modul 1.5 lassen sich die Unterrichtsvorschläge lektürebegleitend durchführen. Anschließend sollte den Schülerinnen und Schülern der gesamte Text bekannt sein. Die Abfolge der Unterrichtsvorschläge kann verändert werden. Sofern auf Vorheriges aufgebaut wird, gibt es einen entsprechenden Hinweis.

Modul 1

Modul 1.1 | Verzichten und Gewinnen

Didaktische Überlegungen

Damit die Schülerinnen und Schüler aus eigener Erfahrung nachvollziehen können, wie mutig und ungewöhnlich Rühles Selbstversuch ist, mit welchen Problemen er kämpft und welche neuen Erkenntnisse er hat, unterziehen sie sich im besten Fall einem ähnlich gearteten Versuch. Sie begegnen der Lektüre dann gewissermaßen auf Augenhöhe. Es ist zwar für die meisten Jugendlichen eine absurde Vorstellung, für längere Zeit auf das Internet zu verzichten. Man sollte und kann sie nicht dazu zwingen. Aber einige Schülerinnen und Schüler werden vielleicht neugierig und gehen das Wagnis ein. Die anderen sollten sich auf eine für sie leichter zu verwirklichende Verzichtmaßnahme einlassen. Auch diese Erfahrungen lassen sich gewinnbringend auswerten.

Um trägere und ergebnisorientierte Schülerinnen und Schüler für den Selbstversuch zu motivieren, kann der Hinweis hilfreich sein, dass der Versuch die Klausur vorbereitet (Klausurvorschlag II).

Biologie – Sucht
Religion – Sucht
siehe auch Modul 1.4

Hinweise zur Durchführung

Mit dem Unterrichtsvorschlag in Modul 1.1 wird die Lektüre von *Ohne Netz* vorbereitet. Wer nur wenige Stunden für die Lektüre vorsieht und sofort mit der Textarbeit anfangen möchte, beginnt mit Modul 1.2. Wann immer in den folgenden Unterrichtsvorschlägen auf die Ergebnisse von Modul 1.1 zurückgegriffen wird, ist das ausdrücklich erwähnt und eine Alternative benannt. Modul 1.1 ist Voraussetzung für den Klausurvorschlag II.

Bei dem zu wählenden Zeitraum für das Fasten sollte man die Schülerinnen und Schüler darauf aufmerksam machen, dass eine zeitnahe Durchführung für den Unterrichtsfortgang sinnvoll ist. Andererseits muss es möglich sein, dass das Fastenexperiment nicht mit einer Phase kollidiert, in der viele Klassenarbeiten geschrieben werden, in die eine Krankheit oder dergleichen fällt. Hier sollten individuelle Entscheidungen möglich sein.

Für die Durchführung des Unterrichtsvorschlags genügt 1 Schulstunde.

Den Schülerinnen und Schülern wird hier nichts Leichtes abverlangt, und es ist sinnvoll, das im Einstieg in die Stunde deutlich zu machen. Man kann das mit aktuellen Songtexten (geeignet wäre hier beispielsweise Xavier Naidoos Song *Dieser Weg* von 2005: „Dieser Weg wird kein leichter sein, / dieser Weg ist steinig und schwer, / nicht viele werden mit dir einig sein, / doch das Leben bietet so viel mehr") oder klassischen Versen (etwa aus Goethes *Was wir bringen*: „Wer Großes will, muss sich zusammenraffen; / In der Beschränkung zeigt sich erst der Meister") erreichen – beide Aussagen ermutigen zu einem Fastenprojekt.

Arbeitsaufträge

Bei den Aufträgen in **Kopiervorlage 1** machen sich die Schülerinnen und Schüler Gedanken darüber, welche Produkte, Gegenstände oder Beschäftigungen sie sich aus ihrem Alltag nicht mehr wegdenken können. Sie werden aufgefordert, ein eigenes

Fastenprojekt zu planen, bei dem sie 2 Wochen lang auf einen Gegenstand oder eine Beschäftigung verzichten, mit dem oder mit der sie täglich zu tun haben. Sie füllen dazu einen Fastenvertrag aus und schreiben einen Fastenbericht.
Falls den Schülerinnen und Schülern zu **Auftrag 2** keine Vorteile einfallen, die ein Verzicht möglicherweise mit sich bringt, kann man folgende Impulsfragen stellen:

- Was erhoffen sich viele Menschen von Diäten?
- Warum ernähren sich manche Menschen vegetarisch?
- Warum muss im Kino das Handy ausgeschaltet werden?

Wer eine Klausur zum Selbstversuch der Schülerinnen und Schüler plant, sollte sie darauf aufmerksam machen, dass sie beim Schreiben des Fastenberichts die Lehrperson als möglichen Leser berücksichtigen.

Modul 1.2 | Wer ist der Proband?

Didaktische Überlegungen

plus **D**
Ethik – Medienkompetenz

Zu Beginn der Unterrichtseinheit sollen die Schülerinnen und Schüler den Verfasser der Lektüre näher kennenlernen. Einerseits verspricht die Textsorte Tagebuch wie keine andere, Persönliches preiszugeben, andererseits schreibt Rühle das Tagebuch von vornherein für die Öffentlichkeit und gibt nur wenig Privates von sich preis. Die Leserinnen und Leser erfahren weniger über den Autor, als sie vielleicht erhoffen. Für Schülerinnen und Schüler mag das unverständlich sein, da die meisten via Facebook sehr offen Persönliches mitteilen.

Hinweise zur Durchführung

Sinnvollerweise wird der Unterrichtsvorschlag in 2 Schulstunden behandelt. Wenn die Lektüre der drei für das Modul verwendeten Tagebucheinträge oder auch das Ausfüllen der Kopiervorlage als Hausaufgabe gegeben wird, reicht 1 Unterrichtsstunde aus.
Das Thema „Tagebuch" wird in Modul 2.3 vertieft.
Zum Einstieg in Modul 1.2 kann mit einer kleinen Umfrage ermittelt werden, wie vorsichtig oder freizügig die Schülerinnen und Schüler mit ihrer Privatsphäre auf Facebook oder anderen sozialen Netzwerken umgehen. Um Schülerinnen und Schüler, die nicht auf Facebook angemeldet sind, zu schützen, sollte man die Umfrage um den Konjunktiv erweitern: „Wenn ich ein Facebook-Profil erstellen würde, dann …". Damit man das Ergebnis der Umfrage im Zusammenhang von Auftrag 3 wieder aufgreifen kann, muss es visualisiert werden, etwa mit einer Tabelle (an der Tafel oder auf einem Plakat), in der alle Schülerinnen und Schüler an entsprechender Stelle einen Punkt setzen:

Auf meinem Facebook-Profil erfahren von meiner Privatsphäre …			
	Freunde	Freunde von Freunden	alle
viel			
manches			
wenig			

Arbeitsaufträge

Die **Kopiervorlage 2** fordert die Schülerinnen und Schüler dazu auf, mit Hilfe der im Text gegebenen Informationen ein fiktives Facebook-Profil von Rühle zu erstellen. Anschließend wird untersucht, wie Rühle mit privaten Äußerungen umgeht. Eine Diskussion über die Erfahrungen der Schülerinnen und Schüler in diesem Bereich schließt die Stunde ab.
Auftrag 2 kann in Einzel- oder Partnerarbeit bearbeitet werden. Die Aufträge 2 und 3 werden im Plenum erarbeitet.

Auftrag 1: Folgende Informationen liefert der Text für das Facebook-Profil:

Allgemeine Informationen	derzeitiger Wohnort: München; männlich; Internet-Junkie, momentan auf Entzug (vom 1. Dezember 2009 bis 31. Mai 2010)
Freunde und Familie	verheiratet mit B., Yogalehrerin; zwei kleine Kinder: der Sohn geht in die Grundschule, das Mädchen in den Kindergarten; viele Freunde und Kollegen
Ausbildung und Beruf	Arbeitgeber: *Süddeutsche Zeitung*, dort als Redakteur im Feuilleton für die freien Themen; Hochschule: 1996 Magister; 2005 ZEIT-Stipendium in Harvard, USA
Philosophie	politische Einstellung: eher gewerkschaftsnah (vor 25 Jahren für die 28,5-Stunden-Woche); inspiriert von Freuds Theorie der Sublimierung der Triebe; Lieblingssätze: „Erinnerung ist der lange Sonnenuntergang der Wahrheit" (Nabokov), „Ich verlange ja nicht, dass man das überall macht, aber vielleicht erlaubt man uns, dass wir wenigstens in einem einzigen Haus das elektrische Licht löschen. Mal schauen, was dabei herauskommt" (Junichiro), „Alles, was man als schön bezeichnet, entsteht in der Regel aus der Praxis des täglichen Lebens" (Junichiro)
Kunst und Unterhaltung	Bücher von Vladimir Nabokov, *Lob des Schattens* von Tanizaki Junichiro; Film: *Down by Law* von Jim Jarmusch; mag ARD und ZDF nicht
Sport	Lieblingssport: Fahrradfahren
Aktivitäten und Interessen	neben Beruf und Vaterpflichten bleibt wenig Zeit; Interessen: im Netz surfen, Tagebuch schreiben, reisen (zum Beispiel nach Malawi oder Elba), lesen, Klavier spielen, Filme, Yoga, Freunde
Andere Seiten, die dir gefallen	*The Guardian* (interessante Nachrichten), Google (ordnet die Welt), Amazon (geschickt, um Weihnachtsgeschenke zu besorgen), *Climate Debate, Spiegel Online*

Sofern einige Schülerinnen und Schüler bereits weiter als bis zum 7. Dezember gelesen haben, können sie zusätzliche Informationen in das Facebook-Profil einfließen lassen. Zu interessanten Ergebnissen kann es kommen, falls die Schülerinnen und Schüler Rühles Sprachstil imitieren.

Auftrag 2: Die Diskussion darüber, ob Rühle eher freizügig oder zurückhaltend mit persönlichen Äußerungen umgeht, ergibt, dass er Privates nur sparsam mitteilt. Sein Weltwissen, sein Interesse an Kultur, insbesondere an Literatur bestimmen zusammen mit Reflexionen und Alltagsbeobachtungen den Inhalt der Tagebucheinträge. Damit wird zwar auch etwas über die Person Rühle mitgeteilt, aber nur indirekt, etwa: Rühle ist ein genauer Beobachter, er liest gerne, und zwar keine Bestseller, sondern gehobene Literatur, er ist weit in der Welt herumgekommen und so weiter. Nachdem sie diese Erkenntnis gewonnen haben, werden die Schülerinnen und Schüler nicht besonders überrascht sein, dass Rühle überhaupt kein Facebook-Profil hat, wie er am 15. Februar schreibt.

Auftrag 3: Nach den eigenen Erfahrungen mit und Einstellungen zu Facebook gefragt, kann es passieren, dass eine Klasse mehr oder weniger einstimmig auf die Vorteile der sozialen Netzwerke hinweist. Um dann interessant und kontrovers diskutieren zu können, bietet sich ein Blick auf die aktuelle Shell-Studie an. Darin wird betont, dass zwar „bereitwillig von einer großen Mehrzahl der Jugendlichen private Informationen über Hobbys und andere Tätigkeiten ins Netz gestellt werden", aber auch „bereits knapp ein Viertel der Jugendlichen darüber berichtet, jemanden in ihrem Bekanntenkreis zu kennen, der schon mal im Internet fertiggemacht wurde" (Shell Deutschland Holding [Hrsg.]: *Jugend 2010 – Eine pragmatische Generation behauptet sich*, Frankfurt a. M. 2010, S. 109). Es wird auch erwähnt, dass die Generation der Heranwachsenden durch den offenen Umgang mit persönlichen Daten im Internet insgesamt eine andere Haltung zur Privatsphäre herausbildet als vorherige Generationen.

Modul 1.3 | Die Denkwelt von Alex Rühle

Sachanalyse/didaktische Überlegungen

Der Sprachstil und das Thema von Rühles Tagebuch kommen den jugendlichen Lesern entgegen. Die vielen vor allem literarischen und philosophischen Anspielungen im Text dagegen erschweren ihnen die Lektüre und das Verständnis. So wurden für die Schülerausgabe des Buches viele Anspielungen herausgekürzt. Hätte man jedoch alle eliminiert, hätte der Text eine seiner wesentlichen stilistischen Eigenarten verloren, er wäre flach geworden und die Leser hätten keine Möglichkeit mehr gehabt, die überraschenden Assoziationsketten Rühles nachzuvollziehen. Darum blieben manche Anspielungen in der Schülerausgabe erhalten und wurden mit Fußnoten versehen. Damit die Schülerinnen und Schüler die Fußnoten nicht überlesen, damit sie die Eigenart des Textes erkennen, Rühles Denken nachvollziehen und von seinem Weltwissen profitieren können, ist ausgewählten Fußnoten ein Unterrichtsvorschlag gewidmet.
Die Schülerinnen und Schüler müssen Rühles Tagebuch zu diesem Zeitpunkt noch nicht gelesen haben – im Gegenteil. Anschließend wird ihnen die Lektüre leichter fallen, das Textverständnis wird tiefer sein.

Hinweise zur Durchführung

Material
Folien
Folienstifte

Für Variante 1 muss man 2 Unterrichtsstunden veranschlagen, für Variante 2 nur 1 Stunde.
Zur Durchführung des Moduls gibt die Lehrperson bei Variante 1 **Kopiervorlage 3** aus, bei Variante 2 ein selbst vorbereitetes Quiz.

Nach dem Quiz sollte man mit den Schülerinnen und Schülern darüber sprechen, aus welchen Bereichen Rühles Bezüge hauptsächlich stammen und welche Funktion sie erfüllen (siehe oben).

Variante 1: Die Schülerinnen und Schüler erstellen selbst ein Quiz zu den Fußnoten. Diese Vorgehensweise fördert das selbstständige, selbstverantwortliche Arbeiten der Schülerinnen und Schüler.

Modul 1.3 – Die Denkwelt von Alex Rühle

In der **1. Stunde** erhalten die Schülerinnen und Schüler die Kopiervorlage mit der Liste aller zu lesenden Fußnoten. Die Lehrperson teilt die Schülerinnen und Schüler in 2 Teams, jedes Team bekommt ein Blanko-Fragenraster auf Folie.
Aus den 18 Fußnoten wählt jedes Team 9 aus und formuliert dazu Fragen für das gegnerische Team: 3 Fragen für 20, 3 für 40 und 3 für 60 Punkte. Jede Frage wird einer thematischen Rubrik zugeordnet (beispielsweise: Geschichte, Gesellschaft, Literatur, Medien, Philosophie, Wirtschaft). Am besten geschieht dies arbeitsteilig. Jedes Team teilt sich dafür in Kleingruppen auf.
Es spielt keine Rolle, wenn zufällig dieselbe Fußnote von jedem Team verwendet wird; die Frage wird bei jedem Team ein wenig anders lauten. Zwar wird die Frage beim zweiten Mal leichter zu beantworten sein, aber zum Spiel darf auch ein bisschen Glück gehören. Gegen Ende der Stunde sammelt die Lehrperson die Fragen der Teams ein und weist nochmals darauf hin, dass alle Schülerinnen und Schüler sämtliche Fußnoten kennen müssen, damit das Team beim Lösen des Fußnoten-Quiz nicht geschwächt wird.
In der **2. Stunde** richtet die Lehrperson in spielleitender Funktion die Fragen abwechselnd an die Teams. Die Schülerinnen und Schüler wählen aus dem Raster die Rubrik und die Punktezahl aus, die Lehrperson stellt die dazugehörige Frage. Das Team darf eine Minute über die Antwort beraten. Wenn alle Fragen behandelt sind, ist das Spiel zu Ende. Das Team mit der höheren Punktezahl hat gewonnen.

Variante 2: Alternativ können die vorformulierten Fragen und ein fertig vorbereitetes Fragenraster verwendet werden. Als Vorbereitung lesen die Schülerinnen und Schüler lediglich die Fußnoten auf *S. 12, 14, 17, 18* (*), *24, 27, 36, 43, 55, 61, 70, 72, 87, 99, 110, 124, 125*. Es werden 2 Teams gebildet. Verlauf wie oben ab der 2. Stunde beschrieben. Das Fragenraster muss von der Lehrperson vorbereitet werden. Wenn alle 18 Fußnoten dafür verwendet werden, kann das Raster auf Kopiervorlage 3 in doppelter Ausfertigung nebeneinandergelegt werden. Für das Raster können folgende Fragen verwendet werden:

Fußnoten-Fragen	
20 Punkte	
Gesellschaft	So nennt man ein Freijahr bei Lohnverzicht und Arbeitsplatzgarantie. (Sabbatical, *S. 14*).
Gesellschaft	Alex Rühle erhielt 2005 ein ZEIT-Stipendium zum Besuch dieser US-amerikanischen Elite-Universität. (Harvard, *S. 27*)
Gesellschaft	Ein Schweigeseminar, das zum Teil über mehrere Tage oder Wochen geht. Dadurch sollen Aufmerksamkeit und Konzentration geübt werden. (Zen-Sesshin, *S. 43*)
Medien	Eine der wichtigsten deutschen Tageszeitungen ist … (die *Süddeutsche Zeitung*, *S. 12*)
Medien	Eine wichtige, traditionsreiche englische Tageszeitung heißt … (*The Guardian*, *S. 18*)
Medizin	Das medizinische Nachschlagewerk, das für den Bereich der Medizin so wichtig ist wie der Duden für die deutsche Sprache, heißt … (*Pschyrembel*, *S. 124*)
40 Punkte	
Geschichte	So heißt der rumänische Geheimdienst, der zwischen 1948 und 1990 schätzungsweise 200 000 Menschen ermordete. (Securitate, *S. 36*)
Literatur	Rühle kopiert den Stil dieses barocken Schriftstellers in seinem Tagebucheintrag vom 5. Januar. (Hans Jakob Christoffel von Grimmelshausen, *S. 55*)

Literatur	Gesucht wird ein deutscher Schriftsteller, der 1958 geboren wurde und der der Meinung ist, die Post sei eine heilige Institution und den Postboten solle man öffentlich verehren. (Max Goldt, *S. 24*)
Literatur	In diesem Science-Fiction-Roman wird ein Überwachungsstaat beschrieben, der unter anderem Drogenzwang und Gehirnwäsche anwendet, um eine friedliche Welt zu erschaffen. Geschrieben wurde er 1932 von Aldous Huxley. (*Schöne neue Welt, S. 61*)
Musik	Im April 2010 plant Rühle, diesen US-amerikanischen Jazz-Musiker, der 1945 geboren wurde, zu besuchen. (Keith Jarrett, *S. 125*)
Philosophie	Der gesuchte US-amerikanische Philosoph (1891–1980) meinte 1932, die Menschen hätten meist nichts gegen Maschinen an sich, sondern nur etwas gegen neue, ungewohnte Maschinen. (George Boas, *S. 110*)
60 Punkte	
Medien	Ein Gangster fragt den anderen im Gefängnis, ob es im Englischen „look *at* the window" oder „look *out* the window" heißt. Meint der Gefragte: „In this case, I'm afraid, it's look *at* the window." Aus welchem Film stammt die Szene? Er wurde 1986 von Jim Jarmusch gedreht und ist Kult. (*Down by Law, S. 17*)
Literatur	Ihre Heldinnen sind meist empfindsame Frauen in gesellschaftskritischen Romanen. Sie selbst lebte 1775–1817 in England. (Jane Austen, *S. 70*)
Literatur	Alex Rühle hat von dieser rumäniendeutschen Schriftstellerin noch nichts gelesen, obwohl sie (geboren 1953) 2009 den Literaturnobelpreis erhielt. (Herta Müller, *S. 36*)
Literatur	Ein bekannter französischer Schriftsteller (1821–1880) langweilte sich beim Eisenbahnfahren. (Gustave Flaubert, *S. 72*)
Literatur	Dieser französische Schriftsteller schrieb unter anderem die Vorlage für das Musical *Les Miserables*. Von der Geschwindigkeit der zu seinen Lebzeiten (1802–1895) erfundenen Eisenbahn war er geschockt. (Victor Hugo, *S. 99*)
Wirtschaft	Er war vielseitig begabt: britischer Ökonom, Mathematiker und Politiker (1883–1946). Trotzdem täuschte er sich. Das 21. Jahrhundert ist – bis jetzt – nicht das Zeitalter der Freizeit, wie er 1930 prophezeite. (John Maynard Keynes, *S. 87*)

Modul 1.4 | Sucht und Entzug: die Geschichte von Thomas Mohol

Sachanalyse/didaktische Überlegungen

plus D
Biologie – Sucht
Religion – Sucht
siehe auch Modul 1.1

Die Bekanntschaft mit Thomas Mohol durchzieht Rühles Experiment wie ein roter Faden. Am 15. Dezember schreibt Rühle: „Ich habe Post bekommen! [...] Thomas Mohol hat mir aus der Justizvollzugsanstalt Bernau geantwortet. [...] Das ist der Beginn meiner intensivsten Briefkorrespondenz." *(S. 42)* Rühle betont die Gemeinsamkeiten und hebt die Unterschiede ihrer jeweiligen Situation hervor. Mohols Geschichte dient Rühle als Spiegel und Verstärker, etwa als er beim Besuch einer Münchner Schule seine jungen Zuhörer aus der Reserve lockt, indem er Mohols Phantomschmerzen erwähnt (20. Mai, *S. 135*). Diese Funktion sollen die Schülerinnen und Schüler erkennen, beschreiben und am Text begründen können. Die Leitfragen der Stunde sind: Warum stellt Rühle seiner eigenen Geschichte von der Überwindung der Internetabhängigkeit die Mohols gegenüber? Worin gleichen sich die Geschichten, worin unterscheiden sie sich?

Modul 1.4 – Sucht und Entzug: die Geschichte von Thomas Mohol

Hinweise zur Durchführung

Der Unterrichtsvorschlag kann nach einer vorbereitenden Hausaufgabe in 1 Schulstunde durchgeführt werden.

Arbeitsaufträge

Mit Hilfe der Arbeitsaufträge von **Kopiervorlage 4** erkennen die Schülerinnen und Schüler zunächst, dass sowohl Rühle als auch Mohol per definitionem vom Internet abhängig sind. Anhand von ausgewählten Textstellen vergleichen sie dann die Abhängigkeiten und den Entzug im Detail. Abschließend wird im Plenum über die Funktion der Mohol-Geschichte nachgedacht.

Für die in **Auftrag 2** geforderte Gegenüberstellung können gute Schülerinnen und Schüler selbst Parameter für den Vergleich finden, mit schwächeren entwickelt man diese im Gespräch oder man gibt Parameter vor. Die Einträge können arbeitsteilig untersucht werden oder jede Schülerin und jeder Schüler schaut sich alle Einträge an. Die Ergebnisse werden an der Tafel zusammengefasst; hier ein Vorschlag (die Angabe der Tage ist nur Orientierungshilfe, im Tafelanschrieb sollte man darauf aus Platzgründen verzichten):

Rühle	Mohol
Kennzeichen der Sucht	
• erhält 60–80 Mails pro Tag und fühlt sich wichtig (6. Dez.) • von 2005 bis 2009 kaum mehr seinen Mail-Account geschlossen (7. Dez.) • halbstündiges Mail-Checken im Urlaub (7. Dez.) • Blick in die Mailbox letzte Tätigkeit am Tag (7. Dez.)	• Mail-Checken vor dem Aufstehen und vor dem Schlafen (15. Jan.) • kaum mehr Begegnungen mit Freunden, aber immer per Facebook mit ihnen verbunden (15. Jan.)
Gründe für den Verzicht	
• eigener Entschluss (2. Dez.) • Absicht, die Frage zu klären, ob die eigene Unruhe mit dem Internet zusammenhängt (2. Dez.) • Absicht, der kontroversen öffentlichen Diskussion über das Internet die eigenen Erfahrungen gegenüberzustellen (2. Dez.)	• Gefängnisinhaftierung (15. Jan.)
Verlauf des Verzichts	
• vermisst Vibrationsalarm (6. Dez.) • ohne Internet mehr/anderen Stress im Beruf (3. Dez., 6. Dez.) • mehr Zeit für reale Kontakte (3. Dez.) • fühlt sich einsam/ausgeschlossen (6. Dez.)	• Verzicht auf Blackberry schlimmer als Haft (15. Jan.) • rasende Nervosität (15. Jan.) • Phantomschmerzen (15. Jan.) • kein Kontakt mehr mit Freunden (15. Jan.)

Das Fazit (**Auftrag 3**) lautet: Die Geschichten von Rühle und Mohol sind sehr ähnlich. Ein Unterschied besteht allerdings darin, dass Mohol auf das Internet verzichten muss, während Rühle das freiwillig tut. Möglicherweise verläuft der Verzicht darum bei Rühle etwas weniger dramatisch als bei Mohol.

Eventuell verweisen die Schülerinnen und Schüler auf Mohols positive Entwicklung in der Haft (Gewichtsabnahme, Chor, reale Kontakte, Pläne für die Zukunft), dann kann man darüber diskutieren, inwieweit diese mit dem Verzicht auf das Internet zu tun haben. Auch Rühle betont immer wieder die positiven Effekte seines Verzichts. Mohols Geschichte erfüllt mehrere Funktionen:

- Rühle findet in der Geschichte Bestätigung, weil es Mohol ganz ähnlich ergeht.
- Rühles Tagebuch wird durch die Geschichte von Mohol bereichert, weil Mohols Schicksal und sein einsichtiger Umgang das Interesse der Leser wecken und weil die Abenteuerlichkeit von Mohols Schicksal auf Rühle abfärbt (sein Verlauf des Verzichts ist sehr ähnlich, also auch fast so abenteuerlich).
- Rühles eigene Sucht wird durch Mohols Geschichte relativiert. Der Vergleich verdeutlicht: Rühles Verzicht ist freiwillig. Damit klärt Rühle, er fastet – Mohol entzieht. (Der Aspekt des Fastens wird in Modul 1.5 vertieft.)

Zum Abschluss der Stunde kann man das satirische Minihörspiel *Die Notaufnahme* von Jerry Berndt anhören:
http://www.dradio.de/wurf/index.php/de/Home/Schedule/date/23.01.2012/hour/11
Ein Mann stirbt an Entzugserscheinungen, als das Guthaben seines Handys verbraucht ist. Mohol hatte demnach Glück, durch die Haft zum Internetentzug gezwungen zu werden.

Modul 1.5 | Das Glück des Fastens

Ethik – Medienkompetenz
Bildende Kunst – Kommunikationsdesign

Sachanalyse/didaktische Hinweise

Rühles Verzicht auf das Internet ist das eigentliche Thema des Textes. Rühle nennt immer wieder die Gründe für das Experiment und reflektiert darüber, ob es ihm ein Mehr an Lebensqualität beschert. Von diesen Gedanken werden die vielen Beobachtungen und Exkurse zusammengehalten, die auf den ersten Blick nichts mit Rühles Verzicht auf das Internet zu tun haben. Eine Analyse dieser Gedanken trägt darum wesentlich zum Verständnis des Textes bei.
Rühle schreibt *Ohne Netz* im Bewusstsein, mit seiner Manie, ständig online sein zu wollen, nicht alleine zu sein. Er kann sich sicher sein, dass das Thema viele interessiert. Das Buch endet entsprechend auch mit Tipps zum Umgang mit dem Internet. Damit kommt Rühle der Erwartung der Leserinnen und Leser entgegen. Indem Rühle die Tipps ironisch bricht, wahrt er seinen eigenen Anspruch, nicht mit billigen Ratschlägen aufzuwarten.
Nach einer Analyse von Rühles Motivation für das Experiment und seinem Fazit setzen sich die Schülerinnen und Schüler produktionsorientiert mit den Vorteilen auseinander, die der Verzicht auf das Internet mit sich bringt: Sie werden als Werbefachleute tätig und gestalten einen Flyer, ein Plakat, einen Film oder eine Radiowerbung.

Modul 1.5 – Das Glück des Fastens

Hinweise zur Durchführung

Der Unterrichtsvorschlag kann in 1 Schulstunde durchgeführt werden.
Je nachdem, welchen Anspruch man an die Werbekampagne der Schülerinnen und Schüler stellt, benötigen sie dafür mehr Zeit, beispielsweise wenn sie einen Film drehen möchten. Der Auftrag wird dann nicht im Unterricht erledigt. Die Schülerinnen und Schüler sollten jedoch auch in diesem Fall die Gelegenheit bekommen, ihre Produkte im Unterricht vorzustellen.
Zur Durchführung des Moduls erteilt die Lehrperson folgende Aufträge:

> **Material**
> alte Zeitschriften
> Edding-Stifte
> Klebstoff
> Scheren
> farbiges Papier
> Plakate
> eventuell Videokamera und Aufnahmegerät

Arbeitsaufträge für Modul 1.5

1. Lies den Eintrag vom 31. Mai und „Ein Jahr danach" (S. 138f., 140ff.). Notiere, welches Fazit Rühle nach dem Experiment zieht. Hat sich seiner Meinung nach das Fasten gelohnt? Hat er seine Ziele vom 2. Dezember erreicht?

2. Überlege, weshalb Rühle sein Buch mit Ratschlägen beendet.

3. Stellt euch vor, ihr arbeitet für eine Organisation, die das „Internetfasten" fördert und anbietet. Entwerft dafür ein Werbeplakat, einen Flyer, einen Film- oder Radiowerbespot oder was euch sonst noch einfällt. Bietet das Projekt so an, dass ihr am liebsten selbst daran teilnehmen würdet. Ihr könnt dabei Rühles Erfahrungen und eure eigenen berücksichtigen.

Arbeitsaufträge

Der Vergleich von Rühles Absichten zu Beginn des Experiments und sein Fazit
(**Auftrag 1**) ergibt:

- Rühle genoss die ruhigen Momente während des Experiments.
- Er konnte konzentrierter arbeiten.
- Das Fasten war anstrengend.
- Rühle schafft es jetzt, im Urlaub ohne Internet auszukommen.
- Rühle rät, sich Zeit nehmen für reale Kontakte, für Musikhören, für Sport, er plädiert für kontrollierten Netzkonsum (zum Beispiel mit altem Handy ohne Internetzugang, Deaktivieren von Popup-Fenstern)

Folglich war für Rühle das Fasten-Experiment eine vorwiegend positive Erfahrung; seinen Internetkonsum hat er seitdem besser unter Kontrolle.
Falls die Schülerinnen und Schüler Rühles Tagebuch ganz gelesen haben, kann es gut möglich sein, dass sie noch weitere Vorschläge haben. Es lohnt sich, diese aufzugreifen. Allerdings sollten die Schülerinnen und Schüler sie am Text belegen.
Rühle beendet seine Aufzeichnungen mit Ratschlägen (**Auftrag 2**), weil er weiß, dass er mit seinen Problemen nicht alleine ist. Ein großer Teil seiner Leser hofft auf gute Ratschläge. Er gibt sie – gebrochen durch Ironie („Oder – ach hört doch, was ihr wollt!", *S. 138*). Von gängigen Heilsversprechen will er sich ja gerade unterscheiden.
Auftrag 3 verlangt von den Schülerinnen und Schülern einen Perspektivwechsel: Sie sollen den Verzicht auf das Internet anpreisen, was ihren eigenen Wünschen wahrscheinlich gänzlich widerspricht.
Dieser produktionsorientierte Auftrag bietet sich als ein- oder mehrstündiges Projekt und für Gruppenarbeit an. Falls einige Schülerinnen und Schüler jedoch alleine einen Flyer oder dergleichen entwerfen wollen, kann es sinnvoll sein, das zu erlauben.

Bewertungsmaßstab ist die inhaltliche Überzeugskraft der Produkte, die sprachliche und ästhetische Originalität und die Sorgfalt der Gestaltung.
Der Arbeitsauftrag lässt sich – verkürzt – auch im Unterricht bearbeiten. Man kann die Schülerinnen und Schüler beispielsweise auffordern, in Kleingruppen einen Werbeslogan für Internetfasten zu formulieren. Nach einer kurzen Arbeitsphase bittet man die Schülerinnen und Schüler, die Slogans vorzulesen. Effektvoll geschieht dies in Form eines „Klangteppichs": Ein Schüler beginnt, sobald dieser fertig ist, setzt ein anderer ein – am besten aus einer anderen Ecke des Raumes. Dies geschieht ohne vorherige Absprache, nur indem die Schülerinnen und Schüler ganz präsent sind, keine Pausen zulassen und jedem, der auch nur den Bruchteil einer Sekunde vor ihm zu lesen begonnen hat, den Vortritt lassen.

Modul 1.6 | Schreckgespenster Eisenbahn und Internet

Sachanalyse/didaktische Anmerkungen

Geschichte – Industrialisierung, gesellschaftlicher Wandel

Rühle setzt sich in dem Eintrag vom 15. Januar mit der erregten Debatte über die Eisenbahn auseinander, wie sie die Zeitgenossen im 19. Jahrhundert führten. In der 9. Klasse wird im Geschichtsunterricht die Industrialisierung behandelt. Die Schülerinnen und Schüler sind darum in der Regel mit der Geschichte der Eisenbahn vertraut. Vielleicht kennen sie auch aus der 8. Klassenstufe die Ballade *Die Brück' am Tay*, in der Fontane die Schrecken der Technik am Beispiel eines wahren Zugunglückes im Jahr 1879 eindringlich thematisiert. Die erworbenen Kenntnisse können jetzt erinnert und gefestigt werden. Rühle dient der Vergleich des Internets mit den ersten Jahrzehnten der Eisenbahn dazu, die kritischen Stimmen gegen das Internet zu relativieren, sie aus der Distanz zu betrachten.
Auch die Schülerinnen und Schüler sollen die Diskussion über das Internet mit Abstand betrachten, allerdings nicht den Blick zurück in die Vergangenheit richten, sondern aus der Zukunft in die Gegenwart schauen: In welchem Licht erscheint die heute hitzige Debatte in 150 Jahren?
Die Schülerinnen und Schüler setzen sich bei diesem Unterrichtsvorschlag mit den Studien und Forschungsarbeiten zum Thema „Internet" auseinander, die Rühle in seinem Tagebuch aufgreift.

Hinweise zur Durchführung

Material
6 Plakate
Edding-Stifte
Klebstoff
Scheren
farbiges Papier

Sofern alle Teile des Unterrichtsvorschlags im Unterricht bearbeitet werden, sollte man 3 bis 4 Stunden veranschlagen. Die Umfrage und die abschließende Schreibaufgabe können alternativ als Hausaufgabe erledigt werden. Dann reicht, sofern die Schüler geübt in Gruppenarbeit und im Präsentieren sind, 1 Unterrichtsstunde aus. Andernfalls sollte man 2 Unterrichtsstunden allein für Auftrag 2 vorsehen.

Arbeitsaufträge

Kopiervorlage 5 bietet eine Umfrage, eine analytische Textarbeit und eine kreative Schreibaufgabe als Arbeitsaufträge.
Zunächst sollen die Schülerinnen und Schüler eine Umfrage durchführen. Diese könnte von der Bahn sein und hat das Thema „Ausweitung des Streckennetzes und Erhöhung

der Geschwindigkeit" (**Auftrag 1**). Die Schülerinnen und Schüler können das in kleinen Gruppen erledigen. Man sollte sie dazu anhalten, nicht zu viele Fragebögen ausfüllen zu lassen. Es kostet nur unnötig Zeit, sie sorgfältig auszuwerten. Wertvoll sind dagegen ausführliche Begründungen. Sie bereichern **Auftrag 2**, nämlich den Vergleich der Umfrageergebnisse mit Stimmen aus dem 19. Jahrhundert. Der Vergleich wird in Kleingruppen erarbeitet und anschließend kurz präsentiert. Die Schülerinnen und Schüler erkennen, dass die Angst der Menschen im 19. Jahrhundert vor dem Zugfahren heute nicht mehr nachvollziehbar ist. Sie wirkt übertrieben und sogar komisch. Diese Erkenntnis ist die Voraussetzung der folgenden Schreibaufgabe (**Auftrag 3**). Analog zu unserer Verwunderung darüber, mit welchem Entsetzen die Innovation des Eisenbahnfahrens im 19. Jahrhundert verfolgt wurde, sollen sich die Schülerinnen und Schüler in die Lage von Menschen in 150 Jahren versetzen, die sich über unsere Ängste hinsichtlich des Internets wundern. Um der Verwunderung deutlichen Ausdruck zu verleihen, setzen die Schülerinnen und Schüler die Stilmittel der Satire ein. Sie sollten Kurt Tucholskys Empfehlung folgen: „Die Satire muss übertreiben und ist ihrem tiefsten Wesen nach ungerecht. Sie bläst die Wahrheit auf, damit sie deutlicher wird." Also: ungerecht sein, die Wahrheit verzerren, überraschende, irritierende Vergleiche anstellen, bewerten, be- und verurteilen.

Modul 2

Modul 2.1 | Die Exkurse: Fernglas oder Lupe?

Didaktische Überlegungen

Exkurse, die eng oder lose mit Rühles Selbstversuch zusammenhängen, sind ein wesentlicher Bestandteil des Tagebuchs. Darum lohnt es sich, sie genauer zu untersuchen. Geschult werden damit das genaue Lesen, das Analysieren und Beurteilen von Texten. Die Schülerinnen und Schüler können anschließend erkennen und beschreiben, dass die Qualität von Rühles Buch unter anderem auf den interessanten Exkursen beruht.

Hinweise zur Durchführung

Die 8 ausgewählten Exkurse sind den Monaten Januar bis Mai entnommen, unter anderem weil der Monat Dezember in den vorangegangenen Unterrichtsvorschlägen bereits genauer betrachtet wurde. Dieses Modul wird am besten erst unterrichtet, wenn die Schülerinnen und Schüler den gesamten Text kennen.
Ohne vorbereitende Hausaufgabe benötigt man dafür 2 Schulstunden. Falls die Analyse der Exkurse bereits zuhause erledigt wurde, reicht 1 Stunde für die Sicherung und Bewertung aus.
Die Stunde kann mit einem Exkurs, vorgelesen oder auf Folie präsentiert, begonnen werden. Dafür bietet sich der Eintrag vom 18. Dezember an (*S. 44, Z. 19 ff.*). Rühle geht darin auf eine Reportage von Fabrizio Gatti ein. Mit einer starken Lerngruppe lassen sich anschließend im Unterrichtsgespräch einige Merkmale von Exkursen aus dem Text heraus entwickeln. Dazu müssen die Schülerinnen und Schüler nachlesen, wie der Exkurs in den Rahmentext des Eintrags integriert ist. Auftrag 1 dient anschließend nur

Modul 2.1 – Die Exkurse: Fernglas oder Lupe?

zur Ergänzung. Mit einer schwächeren Lerngruppe ist es sinnvoller, zunächst Auftrag 1, also die Merkmale von Exkursen zu erarbeiten. Erst dann lesen die Schülerinnen und Schüler den Eintrag vom 18. Dezember ganz. Im Plenum wird an diesem Beispiel besprochen, wie die Kopiervorlage auszufüllen ist.

Arbeitsaufträge

Kopiervorlage 6 beginnt mit einem kurzen Text, der den Schülerinnen und Schülern wesentliche Merkmale von Exkursen nennt (**Auftrag 1**). **Auftrag 2** fordert die Schülerinnen und Schüler auf, einige ausgewählte Exkurse und ihren Kontext zu analysieren und ihre Ergebnisse in die Karteikarten einzutragen, die dafür in ausreichender Menge kopiert werden müssen. Die Analyse geschieht am besten arbeitsteilig in 8 Gruppen, für jeden Exkurs eine Gruppe. Ansonsten ist der Auftrag mit sehr viel Lesearbeit verbunden. Bei der Auswertung sollte der Fokus weniger auf die Einzelheiten gerichtet werden, als auf das grundsätzliche Verhältnis zwischen Exkurs und Selbstversuch.

Zu folgenden Ergebnissen könnten die Schülerinnen und Schüler kommen:

18. Dezember	
Inhalt des Exkurses: Der Journalist Fabrizio Gatti schreibt in einem Buch davon, dass eine E-Mail-Adresse für afrikanische Flüchtlinge die einzige Möglichkeit bietet, mit ihrer Familie und ihren Freunden in Kontakt zu bleiben. *Aussage:* Für die afrikanischen Flüchtlinge ist das Internet von existenzieller Bedeutung.	*Gedanken zum Selbstversuch:* Rühle kämpft mit den Schwierigkeiten, die der Arbeitsalltag ohne Internet mit sich bringt, beispielsweise beim Übersetzen. *Aussage:* Die Menschen in der westlichen Welt werden vom Internet abgelenkt, sie bekommen die existenziellen Dinge nicht mehr mit.
18. Januar	
Inhalt des Exkurses: Mutter mit ihren Kindern im Schwimmbad, nur mit ihrem iPhone beschäftigt. *Aussage:* Drastisches Beispiel: Medienkonsum ist dafür verantwortlich, dass Eltern ihre Kinder vernachlässigen.	*Gedanken zum Selbstversuch:* Rühle geht mit seinen Kindern ins Schwimmbad, spielt mit ihnen und liest ihnen anschließend aus *Meine Mutter ist in Amerika* vor. *Aussage:* Rühle widmet sich ganz seinen Kindern, muss aber beim Vorlesen feststellen, dass die Vernachlässigung von Kindern älter ist als Internet und SMS: Das über 40 Jahre alte Buch handelt auch schon davon.
24. Januar	
Inhalt des Exkurses: Platons Höhlengleichnis. *Aussage:* Was der Mensch von der Welt sieht, gleicht nicht der Wirklichkeit und Wahrheit, denn seine Perspektive ist eingeschränkt.	*Gedanken zum Selbstversuch:* Rühle fühlt sich ohne Internet wie die Höhlenmenschen in Platons Gleichnis. *Aussage:* Ohne Internet hat der Mensch nur einen sehr eingeschränkten Blick auf die Wirklichkeit und die Wahrheit.
1. Februar	
Inhalt des Exkurses: Erlebnis vor einigen Jahren: Nach vier Wochen Pause ist Rühle geschockt von *Spiegel*-Lektüre. *Aussage:* Entzug sorgt für eine deutlichere, grellere Wahrnehmung.	*Gedanken zum Selbstversuch:* Kehrt nach einem Monat wieder in die Redaktion zurück und ist geschockt. *Aussage:* Dito Exkurs.

Modul 2.1 – Die Exkurse: Fernglas oder Lupe?

22. Februar	
Inhalt des Exkurses: Episode aus Rühles Zivildienst: Die Mutter einer Behinderten kauft so viele Lebensmittel, bis das Haus aus allen Nähten platzt; die Frau ist darüber verbittert; Rühle freut sich. *Aussage:* Der Mensch ist für Ordnung und Chaos verantwortlich; lässt er Chaos zu, rächen sich die Dinge an ihm.	*Gedanken zum Selbstversuch:* Rühle fragt sich, ob er jetzt weniger vergisst als früher, als er seinen Kopf mit zu vielen Informationen aus dem Internet vollgestopft hat. *Aussage:* Der Mensch füllt seinen Kopf mit Informationen bis zum Überlaufen; er merkt nicht, wie viel er dadurch wieder vergisst.
22. März	
Inhalt des Exkurses: Ein Zugreisender, der Handy, Internet, PC in aller Öffentlichkeit nutzt, breitet sein Privat- und Geschäftsleben völlig offen aus. *Aussage:* Es ist unanständig und peinlich, Fremde ungefragt mit privaten Details zu konfrontieren.	*Gedanken zum Selbstversuch:* Rühle wollte gemütlich mit dem Zug fahren; durch den Mitreisenden wird er in seiner Ruhe gestört. *Aussage:* Es ist eine Zumutung, dass Fremde durch ihren Medienkonsum einen dazu zwingen, sich mit ihrem Privatleben zu beschäftigen.
16. April	
Inhalt des Exkurses: Telekom-Mitarbeiter schaltete am 21.4.2009 das Internet für 5 Stunden ab; Sturm der Empörung bei den Nutzern. *Aussage:* Menschen halten es ohne Internet nicht mehr aus.	*Gedanken zum Selbstversuch:* Keine. Rühle erzählt von seiner Mutter, die befürchtet, mit einem falschen Tastendruck das gesamte Internet gelöscht zu haben: Das wäre der Weltuntergang. *Aussage:* Rühle ist amüsiert über die Abhängigkeit der Menschen vom Internet.
24. April	
Inhalt des Exkurses: Miriam Meckel gab Ratschläge für einen entspannten Umgang mit dem Internet; hatte kurz darauf einen Zusammenbruch: Burnout; ihre letzte Tätigkeit vor der Einlieferung in die Klinik war das Checken ihrer Mailbox. *Aussage:* Typisches Beispiel für Internetsucht.	*Gedanken zum Selbstversuch:* Rühle fragt sich, ob er per definitionem abhängig ist, und schlägt im *Pschyrembel* nach. *Aussage:* Rühle selbst ist laut Definition internetsüchtig.
16. Mai	
Inhalt des Exkurses: Sven leistet ein soziales Jahr und kümmert sich rührend um Kindergartenkinder; gleichzeitig spielt er Egoshooter und wird zum Schulversager. *Aussage:* Das gängige Rollenklischee passt nicht auf Sven.	*Gedanken zum Selbstversuch:* Keine. Rühle als Beobachter von Sven. *Aussage:* Dito Exkurs.

Auftrag 3 leitet die Schülerinnen und Schüler an, über das Verhältnis von Exkursen und Selbstversuch in Rühles Text nachzudenken und über die Funktion der Exkurse. Die Schülerinnen und Schüler werden mehrheitlich zu dem Ergebnis kommen, dass die Exkurse interessant sind und in Erinnerung bleiben – aus folgenden Gründen: Zum einen sind die Exkurse häufig umfangreicher als die Gedanken zum Selbstversuch. Zum anderen sind sie in sich abgeschlossen, pointiert und eindrücklich; die Tatsache, dass sie Rühles Situation vergleichend illustrieren sollen, rückt dadurch in den Hintergrund.

Wie in der klassischen Rhetorik vorgegeben sind Rühles Abweichungen überzeugend, sprechen den Leser emotional an und leiten häufig über zu einem neuen Gedanken. Da Rühles Exkurse meist länger sind als seine Gedanken zum Selbstversuch, entsprechen sie in diesem Punkt nicht der rhetorischen Norm. Ob dieser Verstoß jedoch Rühles Text überhaupt schadet, kann man mit den Schülerinnen und Schülern offen diskutieren. Je mehr weitere Exkurse den Schülerinnen und Schülern bei längerem Nachdenken einfallen (**Auftrag 4**), desto mehr spricht das für Rühles erzählerische Kraft (und die gründliche Lektüre der Schülerinnen und Schüler).

Die Exkurse dienen Rühle dazu, das Thema „Internet" auf eine allgemeingültige Ebene zu heben. So kann er Bezug nehmen auf den herrschenden Diskurs, ohne zu belehren. Das macht die Faszination und Qualität von Rühles Tagebuch aus.

Modul 2.2 | Wo die tollen Geschichten herkommen

Sachanalyse/didaktische Überlegungen

Rühle ist Verfasser zahlreicher Reportagen für die *Süddeutsche Zeitung*. Einzelschicksale und genaue Beobachtungen, die häufig Ausgangspunkt der Exkurse in *Ohne Netz* sind, bilden in Reportagen den Rahmen für allgemeine Ausführungen zum jeweiligen Thema. Die Art und Weise des Schreibens für den Brotberuf einerseits, als Buchautor andererseits ähneln sich hier besonders stark.

Den Eintrag vom 2. Januar beschließt Rühle mit einem kleinen Exkurs. Er schreibt von der Begegnung mit dem israelischen Fotografen Shuka Glotman, der beim absichtslosen Spaziergehen immer auf tolle Geschichten stößt. Davon ausgehend, wie man Geschichten sozusagen auf der Straße findet, sollen die Schülerinnen und Schüler im Anschluss an die analytische Betrachtung von Rühles Exkursen (Modul 2.1) selbst einen solchen schreiben. Dabei steht weniger die Anwendung fester Vorgaben im Vordergrund als vielmehr die Förderung der Empathiefähigkeit und Kreativität. Mit einfachen Hinweisen kann es den Schülerinnen und Schülern gelingen, lesenswerte Geschichten zu schreiben. Ein Erfolgserlebnis motiviert sie zum (Weiter-)Schreiben. Außerdem lesen sie Rühles Aufzeichnungen (und die Zeitung) differenzierter, nachdem sie selbst versucht haben, Texte zu verfassen, die einen wichtigen Teil von *Ohne Netz* ausmachen und das Gerüst vieler Reportagen bilden.

Hinweise zur Durchführung

Die Schreibaufgabe kann in einer Unterrichtsstunde begonnen und gegebenenfalls als Hausaufgabe beendet werden. In einer weiteren Stunde werden die Schülertexte präsentiert und besprochen.

Zur Durchführung des Moduls kann die Lehrperson folgende Aufträge erteilen:

Modul 2.2 – Wo die tollen Geschichten herkommen

> **Arbeitsaufträge für Modul 2.2**
>
> 1. Wie findet man „tolle Geschichten"? Lies den Abschnitt über Shuka Glotman im Eintrag vom 2. Januar (S. 54, Z. 10–20).
>
> 2. Überlegt, welche Kriterien eine „tolle Geschichte" erfüllen sollte.
>
> 3. Schreibe selbst eine „tolle Geschichte".
> a) Schreibe entweder die Geschichte von dem alten Mann, der 1972 aus Bulgarien nach Deutschland floh und sich dabei eine Narbe zuzog. Von Glotman erfährt man über den Mann nur wenig. Darum darfst du Einzelheiten erfinden.
> b) Oder suche selbst nach einer „tollen Geschichte": Beobachte dafür deine Umgebung und überlege dir, welche Geschichte ein Mensch oder ein Gegenstand erzählen könnte. Du kannst auch in der Zeitung unter der Rubrik „Aus aller Welt" nach Anregungen suchen.
>
> 4. Lest euch die Geschichten vor und äußert eure Meinungen dazu.

Arbeitsaufträge

Als Einstieg lesen die Schülerinnen und Schüler die Passage über Shuka Glotman. Anschließend überlegen sie sich Kriterien von „tollen Geschichten" und schreiben dann selbst eine: entweder die bis jetzt noch nicht erzählte Geschichte des bulgarischen Flüchtlings, die Shuka Glotman andeutet, oder eine selbst gefundene.
Bei der Suche nach Kriterien für „tolle Geschichten" (**Auftrag 2**) schöpfen die Schülerinnen und Schüler aus ihrem Erfahrungsschatz, denn alle kennen gute Geschichten, auch aus Film und Fernsehen. Feste Vorgaben gilt es – wie gesagt – zu vermeiden, doch Richtlinien sind hilfreich für die Schülerinnen und Schüler. Je unsicherer sie sind, desto wichtiger sind die Richtlinien. Damit diese tatsächlich eine Hilfe für die Schülerinnen und Schüler beim Schreiben einer eigenen Geschichte (**Auftrag 3**) darstellen, sollte man gemeinsam überlegen, mit welchen Mitteln sie umzusetzen sind.
Mögliche Kriterien sind:

- Das Thema muss interessant sein (zum Beispiel: das Thema ist für den Verfasser *und* die Leser wichtig; es hat mit eigenen Erfahrungen zu tun; oder es erzählt von etwas völlig Unbekanntem, das die Neugier weckt).
- Die Geschichte muss spannend erzählt sein (zum Beispiel: sie beginnt mit einem Geheimnis; oder sie endet offen; oder ein geheimnisvoller Handlungsstrang wird immer wieder an einer spannenden Stelle unterbrochen, bevor er weiterverfolgt wird; die Geschichte ist in sich logisch aufgebaut, was keineswegs bedeutet, dass sie in chronologischer Reihenfolge erzählt sein muss).
- Der Text liest sich gut oder man lässt ihn sich gerne vorlesen (korrekte Rechtschreibung und Grammatik, angemessener Ausdruck, keine unbeabsichtigten logischen Brüche, gut dosierter Einsatz sprachlicher und stilistischer Mittel wie wörtlicher Rede, Metaphern, Vergleiche, Ironie, Verweis und dergleichen).

Es ist wichtig, dass die Geschichten der Schülerinnen und Schüler gewürdigt werden (**Auftrag 4**). Neben dem klassischen Vorlesen bieten sich eine Schreibkonferenz oder ein stummes Schreibgespräch an. Für diesen Anlass werden ausgewählte Geschichten abgetippt und vergrößert auf Plakate geklebt; die Tische werden so angeordnet, dass etwa je 3 Schülerinnen und Schüler – stumm – eine Geschichte lesen und schriftlich auf dem Plakat kommentieren können; nach dieser Phase schauen die Verfasserinnen und Verfasser der Geschichten die Kommentare durch und tragen etwa 2 davon, die ihnen wichtig erscheinen, im Plenum vor.

Modul 2.3 | Tagebuch: (Über-)Lebenshilfe, Selbstergründung, Kommerz?

Sachanalyse/didaktische Hinweise

Rühles Tagebuch entspricht nicht dem alltagssprachlichen Verständnis von einem Tagebuch: Es dient nicht allein der stillen Selbstreflexion, sondern ist von vornherein für die Veröffentlichung geplant. Das wird auch thematisiert: „Ich brauchte die Adresse [des Klett-Cotta Verlags], um meinem Verleger Tom Kraushaar eine Postkarte zu schicken", heißt es am 6. Dezember *(S. 25)*. Wie spontan die Einträge tatsächlich niedergeschrieben wurden, muss offenbleiben. Rühle bemüht sich jedenfalls, diese Illusion aufrechtzuerhalten, etwa wenn er am 1. März bemerkt, er fange fürs Erste wieder um 5 Uhr morgens an mit dem Tagebuchschreiben *(S. 97)*. An anderer Stelle jedoch macht er deutlich, dass er den Text im Nachhinein bearbeitet hat. „Warum ich jetzt schon weiß, dass Rosa das [in drei Monaten] sagen wird? Auch in der analogen Welt gibt es Zauberei!", verrät er mit einem Augenzwinkern *(S. 45)*. Ein weiterer Hinweis für die redaktionelle Bearbeitung sind die scheinbar mühelos integrierten Zitate, sei es von Vladimir Nabokov oder Max Goldt. Sie stehen Ausführungen gegenüber, in denen Rühle gesteht, unter welchen Mühen er beispielsweise vergeblich versuche, den letzten Satz von Blochs *Prinzip Hoffnung* wiederzugeben *(S. 22)*.

Für die Schülerinnen und Schüler mag es eine interessante Erkenntnis sein, dass ein Tagebuch als literarische Form gerade jene Offenheit bietet, die sich Rühle herausnimmt. Das Spiel mit der Illusion, ein authentisches Tagebuch vorzulegen, erhöht den Reiz der Lektüre. Mit einer den Unterrichtsvorschlag abschließenden Schreibaufgabe können die Schülerinnen und Schüler selbst damit spielen.

Hinweise zur Durchführung

Der Unterrichtsvorschlag kann in 1 Schulstunde durchgeführt werden. Auftrag 1 muss dafür als Hausaufgabe erledigt werden. Die Schreibaufgabe bereitet Klausurvorschlag II vor. Falls man am Ende der Unterrichtseinheit eine Leistungsüberprüfung plant, sollte man darum für die Besprechung der Schreibaufgabe eine weitere Unterrichtsstunde einplanen.

Arbeitsaufträge

Die Schülerinnen und Schüler suchen in **Kopiervorlage 7** zunächst nach Definitionen zu den Begriffen „Tagebuch" und „Blog" (**Auftrag 1**), bevor sie diese mit Rühles Text vergleichen. Sie erkennen, dass Rühle mit der Alltagsvorstellung von einem Tagebuch spielt, und schreiben anschließend selbst einen Tagebucheintrag in dieser Manier.

Die Definitionen können folgende Informationen beinhalten:

> Beim **Tagebuch** handelt es sich um regelmäßige, autobiografische Aufzeichnungen in chronologischer Abfolge. Tagebücher gibt es seit der Renaissance, eine Blütezeit erlebten sie im 18. Jahrhundert. Die Erforschung der eigenen Befindlichkeit gewann zunehmend an Bedeutung. Manche Tagebücher erlangten für ihre Verfasser beinahe existenzielle Bedeutung, beispielsweise für Anne Frank. In der Regel werden Tagebücher nicht für die Öffentlichkeit geschrieben. Manche Verfasser beabsichtigen jedoch von vornherein eine Publikation. Andere Tagebücher sind sogar erfunden, beispielsweise *Gregs Tagebuch* von Jeff Kinney (2007ff.). Stilistisch und formal gibt es keine Vorgaben für ein Tagebuch, in der Regel sind sie in Ich-Perspektive und in einer emotionalen Sprache verfasst.

> Ein **Blog** ist ein auf einer Website geführtes und häufig öffentliches Tagebuch. Wer den Blog liest, kann ihn in der Regel auch kommentieren. Die Kommentare sind für alle Nutzer einsehbar. So entstehen häufig ganze Diskussionsstränge, meist zu ausgewählten, fest definierten Themen. Blogs gibt es seit den 1990er Jahren. Die wenigsten Beiträge werden sprachlich überarbeitet, weshalb eine gewisse Flüchtigkeit kennzeichnend ist.

Rühles Tagebuch ist eine Mischung aus Tagebuch und Blog (**Auftrag 2**): Es ist (weitgehend) authentisch, aber redaktionell bearbeitet und von vornherein für die Veröffentlichung vorgesehen. Rühle richtet sich explizit an Leser. Die behandelten Themen sind begrenzt.

Einen ausführlichen Tagebucheintrag vom eigenen Fastenprojekt (Modul 1.1) oder vom vorigen Tag zu verfassen, verlangt **Auftrag 3** von den Schülerinnen und Schülern. Sie sollen dabei vor allem die Adressatenorientierung im Blick behalten. Weiter kann es hilfreich sein, die Schülerinnen und Schüler auf die Kriterien für „tolle Geschichten" (Modul 2.2) hinzuweisen. Nach ihnen richtet sich auch die Beurteilung der Einträge.

Modul 2.4 | Wortakrobatik und Umgangssprache

Sachanalyse/didaktische Hinweise

Rühle schreibt umgangssprachlich. Das ist aber nicht das einzige sprachliche Merkmal seines Textes. Rühle bedient sich weiterer sprachlicher Mittel, allem voran um (Selbst-)Ironie zu erzeugen und Mündlichkeit zu suggerieren. Geübte Geschichtenerzähler halten mit Übertreibungen und Dramatisierungen ihr Publikum bei der Stange. Diese Kunst der mündlichen Erzählung beherrscht auch Rühle. Außerdem mischt er immer wieder Formen hoher Literatur mit der sogenannten niederen Sprachebene, etwa wenn er den einzelnen Kapiteln Zusammenfassungen voranstellt wie in der frühen Romanliteratur üblich und gleichzeitig saloppe mündliche Sprache nachahmt. Die Zusammenfassungen der Kapitel sind darüber hinaus ein gutes Beispiel für Rühles spezielle Komik: Dort spricht er von sich selbst in der dritten Person und betrachtet sich aus der Distanz als wunderliches Wesen.

Die Schülerinnen und Schüler sollen mit diesem Unterrichtsvorschlag – analytisch und selbsttätig – erkennen, wie (Selbst-)Ironie und mündlicher Erzählgestus entstehen sowie ob und wie sich das Schreiben am PC auf die Sprache auswirkt.

Modul 2.4 – Wortakrobatik und Umgangssprache

Hinweise zur Durchführung

Aufträge 1–3 können in 1 Schulstunde bearbeitet werden. Für die Schreibaufgabe 3 sollte man eine weitere Stunde veranschlagen. Auftrag 4 dient der Vertiefung, er kann auch einen sinnvollen Abschluss der Stunde bilden.

Zum Einstieg schreibt man die jugendsprachliche Formulierung „Krass, eih!" an die Tafel und richtet an die Schülerinnen und Schüler die Frage, was damit ausgesagt und wie es gesagt werde. Der Text ist mehr als das, was er inhaltlich aussagt. Durch die Art und Weise, *wie* er ausgesprochen wird, entsteht eine weitere Bedeutungsebene. „Krass, eih!" heißt in Hochsprache übersetzt: „Das ist bemerkenswert, nicht wahr?" Mit Jugendsprache grenzen sich Jugendliche von Erwachsenen ab. Die jugendliche Formulierung ist obendrein sehr ökonomisch: Subjekt und Prädikat fehlen – eine radikale Ellipse; außerdem sind die Wörter sehr kurz. In weniger Zeit ist also mehr gesagt. So viel Inhalt steckt in nur zwei Wörtern, die von Jugendlichen dutzendfach am Tag benutzt werden. Nach einem kurzen Gespräch über diese Formulierung kann man zur sprachlichen Analyse von Rühles Text überleiten.

Arbeitsaufträge

Aufträge 1 und **2** der **Kopiervorlage 8** leitet die Schülerinnen und Schüler zu kleinschrittiger Textanalyse an. Sie sollen die sprachlichen Mittel Rühles benennen und ihre Wirkung erklären.

Als Transfer werden zwei Schreibaufgaben vorgeschlagen, die auf die beiden Klausurvorschläge vorbereiten (**Auftrag 3**). Die eine wendet sich an die analytisch, die andere an die kreativ interessierte Schülerschaft.

Auftrag 4 bietet eine sprachkritische Diskussion an. Darin wird das Kernthema von Rühles Text, das Internet, unter der Fragestellung aufgenommen, inwiefern das Schreiben eines Blogs oder von E-Mails den Schreibstil verändert.

Auftrag 1 lässt sich gut arbeitsteilig erledigen. Jede Kleingruppe liest intensiv den Text, muss aber nicht für jeden Kunstgriff eine Entsprechung im Text finden. In der Ergebnissicherung werden dann alle Beispiele zusammengetragen.

Leistungsstärkere Schülerinnen und Schüler finden vielleicht noch weitere sprachliche Mittel, die nicht auf der Liste stehen.

Bei der Ergebnissicherung sollte man exemplarisch vorgehen und nicht zu sehr aufs Detail achten. Nur dann steht für die folgenden Aufträge ausreichend Zeit zur Verfügung.

Folgende Wirkungen stehen für Rühle im Vordergrund (**Auftrag 2**): die Nähe zum Publikum, (Selbst-)Ironie und Komik, das Nachahmen von Mündlichkeit (und Lässigkeit). Rühles Geschichten und Beobachtungen werden durch Übertreibungen und Dramatisierungen interessant.

Mit **Auftrag 3a** sollen die Schülerinnen und Schüler erkennen, dass Rühle von Thomas Mohol respektvoll und einfühlsam schreibt. Die direkte Rede hat hier keine dramatisierende, ironisierende Funktion, sondern wirkt eindringlich und authentisch. Kontrastreich wendet Rühle dieselben sprachlichen Mittel bei der vorangestellten Beschreibung der Wartezeit zur (Selbst-)Ironisierung an.

Falls die Schülerinnen und Schüler noch keinen Tagebucheintrag ausformuliert haben, sollte man ihnen für **Auftrag 3b** die Richtlinien für „tolle Geschichten" (Modul 2.2) zur Hand geben.

Rühles Text weist etliche der von Steinfeld vorgetragenen Kennzeichen auf (**Auftrag 4**). In der Regel aber nimmt Rühle sie in den Dienst seiner Wirkungsabsicht. Andererseits würde Rühle wahrscheinlich nicht abstreiten, dass sich sein Schreibstil durch die neuen Medien verändert hat. In eine andere Richtung weist freilich der Eintrag vom 12. Januar. Dort berichtet Rühle von seiner Schreibweise, die schon vor dem PC-Zeitalter „zusammengetüftelt" war *(S. 63)*.

Die folgende Tabelle fasst Lösungsvorschläge für die **Aufträge 1** und **2** zusammen.

Rhetorische Mittel, sprachliche Mittel und ihre Wirkung		
Seite/Zeile	Lektüre-Zitat	Erläuterungen
95/11	*Also gut:*	**Apostrophe** (betont, wie schwer Rühle dieser Eintrag fällt → dramatisiert)
95/11	*Beichtstuhl*	**Metapher** (stellt Verbindung zur katholische Theologie her, dramatisiert damit seinen Fehltritt selbstironisch)
95/12–17	*B.'s Computer ist kaputtgegangen [...] Ich war übertölpelt und habe nichts gesagt.*	**Tempuswechsel** (Mischung von Perfekt und Präteritum: nah an der Mündlichkeit, wirkt direkt und ungekünstelt)
95/18	*„Kein Problem, passt schon."*	**direkte Rede** (Anschaulichkeit, man ist mitten im Geschehen) **Alltagssprache** (authentisch, nah am Geschehen, ein bisschen Komik)
95/19 f.	*Ich wollte nicht. Ich wollte es nicht. Ich habe es nicht gewollt. Nein. Ehrenwort.*	**Repetitio/Trikolon** (durch die Wiederholung wird die Aussage verstärkt; Rühle will unbedingt, dass man ihm glaubt, vielleicht will er sich auch selbst überzeugen) erst **Parataxe**, dann **Ellipse** (rhythmisiert den Text, atemlos → dramatisiert)
95/20–23	*Ich habe ja auch zunächst fieberhaft an einem Text gearbeitet, den ich noch fertigkriegen muss vor dem Wochenende, das ist doch der eindeutige Beweis dafür, dass ich den Rechner aus ganz anderen Gründen angemacht habe.*	Wechsel zur **Hypotaxe** (Textrhythmus wird wieder ruhiger, ein retardierendes Moment)
95/24–26	*der mich nicht interessierte. Der mich nicht zu interessieren hatte. Den ich nicht sehen wollte*	**Repetitio/Trikolon** (siehe oben), auch Correctio (Korrektur eines zu schwachen Ausdrucks; betont hier Rühles Willen, dem Internet fernzubleiben)
95/27	*Über den ich das Worddokument gezogen habe*	**Ellipse** (unvollständige Syntax, Reihung von Nebensatz ohne Hauptsatz, siehe oben)
95/28–30	*außerdem musst du den Text dringend fertigschreiben. Komm, du hast es dir vorgenommen, ein halbes Jahr, du hast schon mehr als die Häl ...*	**schreibt von sich in der 2. Person Singular** (tritt sich selbst als mahnende Instanz gegenüber)

95/30	die Häl ...	**bricht mitten im Wort ab** (simuliert die Situation → dramatisiert)
95/31–33	wie ein Fresssüchtiger [...]	**Vergleich** (verknüpft anschaulich die Internetsucht mit Fresssucht)
95/33	hemmungslos überfressen	**Umgangssprache** (drastischer als das hochsprachliche essen)
96/1	wie ein rückfälliger Raucher	**Vergleich** (siehe oben)
96/5	Scheiße.	**Schimpfwort** (im Text entsteht eine Pause: semantisch wegen des derben Worts, optisch, weil das Wort isoliert in einer Zeile steht)
96/7–9	genau an dem Tag, an dem Margot Käßmanns blaue Fahrt durch Hannover in den Medien groß diskutiert wird	**Vergleich** (zeigt sich durch die Verknüpfung mit Käßmann am öffentlichen Geschehen interessiert)
96/13	Muss ich jetzt auch zurücktreten? Muss ich abbrechen?	**Komik und Selbstironie** (Engführung der eigenen privaten Gedanken mit der öffentlichen Erklärung/Angelegenheit Käßmanns) **rhetorische Frage** (bagatellisiert damit kokett seinen Fehltritt)
96/15 f.	Gebeichtet ist vergeben.	**Wiederaufnahme der anfänglichen Metapher** (strukturiert den Text; der Vergleich mit Käßmann in theologisches Vokabular eingebettet)

Modul 2.5 | Generationenkonflikt Internet

Sachanalyse/didaktische Hinweise

Gemeinschaftskunde / Politik – Generationenkonflikt

Rühle schildert in seinem Tagebuch immer wieder Situationen, die den kontroversen Diskurs um das Internet spiegeln. Am deutlichsten geschieht dies im Eintrag vom 5. Januar, denn hier beschreibt er nicht nur eine solche Situation, er bildet sie auch sprachlich überspitzt nach. Die Redensart, man spreche „unterschiedliche Sprachen", wenn gegenseitiges Unverständnis herrscht, nimmt Rühle wörtlich, indem er 350 Jahre Sprachwandel zwischen die ältere und die jüngere Generation schiebt. Sich selbst legt er einen an Grimmelshausen angelehnten, barocken Sprachduktus in den Mund, während die vier jungen Leute, denen Rühle am Zeitungskiosk begegnet, sich vom Establishment mittels Jugendsprache distanzieren. Es entsteht ein Sprachgemisch, das so verständlich bleibt, dass man sich an der immanenten Komik freuen kann.

Die Schülerinnen und Schüler werden wahrscheinlich nicht alle Anspielungen verstehen, aber beispielsweise die Übersetzung von „braunem Wasser voll Zucker" als Coca Cola oder „Geschwindspeisegasthaus" als McDonald's (S. 56, Z. 26 und 14) fällt ihnen sicher leicht. Der komische Gestus wird in jedem Fall klar. Nach der Textanalyse sollen die Schülerinnen und Schüler die Begegnung aus der Perspektive eines der Jugendlichen schildern: in Jugendsprache, schriftlich oder szenisch. So vertiefen die Schülerinnen und Schüler ihr Textverständnis, schulen Schreibkompetenz (beziehungsweise Ausdruckskompetenz) und Empathiefähigkeit.

Hinweise zur Durchführung

Der Unterrichtsvorschlag kann in 1 Schulstunde durchgeführt werden. Falls sich viele Schülerinnen und Schüler für eine szenische Darstellung entscheiden oder wenn viele von ihnen ihre Texte vortragen möchten, sollte man für die Präsentationen eine weitere Stunde veranschlagen.

Arbeitsaufträge

Zur Bearbeitung von **Kopiervorlage 9** schauen sich die Schülerinnen und Schüler zunächst genau den Verlauf der Begegnung von Rühle und den vier jungen Männer an (**Auftrag 1**). Das ist eine Vorarbeit für die Schreibaufgabe (Auftrag 3). **Auftrag 2** stellt eine weitere Vorarbeit dar. Damit sich die Schülerinnen und Schüler bei der kreativen Schreibaufgabe oder szenischen Darstellung nicht zu weit von Rühles Szene entfernen, sollen sie im Text auffällige sprachliche Wendungen unterstreichen. Diese übernehmen sie dann wörtlich in Auftrag 3.

So kann das Schaubild von **Auftrag 1** ergänzt werden:

Begegnung auf dem Bahnhof	
Rühle	**die vier „Kerle"**
1. Frage: allgemein nach dem Wohlbefinden	1. Reaktion: genervt von „Spinner"
2. Frage: wie es um die Jugend stehe, Einladung in ein Schnellrestaurant	2. Reaktion: schwere Beschimpfungen
3. Frage: wie es der Internet-Generation gehe, zweite Einladung	3. Reaktion: keine Antwort, aber nehmen Einladung an
4. Frage: ob die Jugend heute noch reale Erfahrungen mache	4. Reaktion: wird als wunderliche Erscheinung wahrgenommen oder ignoriert
5. Frage: ob das Internet nicht Konzentrationsstörungen verursache	5. Reaktion: „Rädelsführer" entkräftet die Sorgen von Rühle, anderer „Kerl" droht Rühle mit Schlägen
Flucht und Erkenntnis, dass eine Verständigung schwer möglich ist	

Rühles Fragen sind zunächst sehr allgemein, zielen dann aber immer direkter auf die negativen Folgen der intensiven Mediennutzung ab. Die Jugendlichen – mehr und mehr kritisch befragt – beschimpfen Rühle von Mal zu Mal heftiger, bis es schließlich zur Androhung physischer Gewalt kommt. Die Begegnung eskaliert. Ein retardierendes Moment ist die Ruhe, die durch das Essen entsteht. Außerdem verhält sich der „Rädelsführer" nicht konform zur Gruppe, er lässt sich schließlich auf ein Gespräch ein und gewinnt die Wertschätzung Rühles. Hier ist die Möglichkeit einer Verständigung angedeutet.

Damit die Präsentation von **Auftrag 3a** nicht zu lange und redundant wird, kann man unter anderem folgende Maßnahmen ergreifen: In einer Schreibkonferenz einigen sich die Schülerinnen und Schüler auf eine Beschreibung, die vorgetragen wird, oder sie lesen von einer Beschreibung nur den Anfang, von einer zweiten den mittleren Teil und von einer dritten den Schluss vor.

Die Gruppen für das szenische Spiel (**Auftrag 3b**) lassen sich um ein paar Figuren erweitern, es können zum Beispiel zwei Erzähler kommentieren (einer aus der Sicht eines „Kerls", der andere aus Rühles Sicht).

Nicht alle Gruppen müssen in einer Schulstunde vorspielen. Falls man in der nächsten Stunde plant, die Schülerinnen und Schüler eine Rezension schreiben zu lassen (Modul 3.1), kann man beispielsweise diese ruhige, konzentrierte Arbeit einige Minuten vor Stundenende abschließen und noch eine Szene vorspielen lassen.

Modul 3

Modul 3.1 | Am Ende: Lob und Kritik

Sachanalyse/didaktische Hinweise

Nach der Behandlung der Lektüre *Ohne Netz – Mein halbes Jahr offline* können die Schülerinnen und Schüler die gesammelten Erkenntnisse beim Verfassen einer Rezension anwenden.

Aus der Unterstufe ist den Schülerinnen und Schülern bekannt, wie eine gute Buchvorstellung aussieht. Für die schriftliche Rezension können sie auf dieses Wissen zurückgreifen. Ein wesentlicher Unterschied ist aber, dass sie nun ein Buch besprechen, das sie nicht selbst ausgewählt haben. Darum ist nicht in jedem Fall mit einer Buch*empfehlung* zu rechnen. Man sollte die Schülerinnen und Schüler dazu ermuntern, sowohl bei Lob also auch bei Kritik sachlich zu bleiben und ihre Meinung am Text zu belegen.

Eine Veröffentlichung der Rezension im Internet (etwa bei Amazon), in der Schüler- oder Lokalzeitung motiviert die Schülerinnen und Schüler möglicherweise dazu, sich besonders viel Mühe beim Schreiben zu geben.

Hinweise zur Durchführung

Für die Schreibaufgabe sollten die Schülerinnen und Schüler mindestens 1 Schulstunde zur Verfügung haben. Für die Überarbeitung benötigt man 1 weitere Stunde.

Arbeitsaufträge

Auftrag 1 auf **Kopiervorlage 10** fordert die Schülerinnen und Schüler auf, im Internet nach Rezensionen zu Rühles Buch zu recherchieren. So verschaffen sie sich einen Überblick darüber, wie das Buch aufgenommen wurde. Außerdem können die Rezensionen als Vorlage für die eigene Buchbesprechung dienen (**Auftrag 2**). Die Rezension kann in Einzelarbeit oder Partnerarbeit geschrieben werden. Wenn mehr als 2 Schülerinnen und Schüler daran arbeiten, sollte die Gruppe eingespielt und zuverlässig sein.

Modul 3.2 | Wiederbegegnung mit Alex Rühle: zwei Projektvorschläge

Zur Nachbereitung der Lektüre bieten sich zwei Projekte an. In beiden begegnen die Schülerinnen und Schüler Alex Rühle beziehungsweise seiner Arbeitswelt wieder:

- Projekt 1: die Organisation einer Lesung mit Alex Rühle;
- Projekt 2: die Durchführung eines mehrwöchigen Zeitungsprojekts.

Das Thema „Zeitung" ist in den meisten Lehrplänen für die Klassenstufe 9 festgelegt. Mit der Behandlung von *Ohne Netz* wird das Thema in einen größeren Zusammenhang eingebettet.

Projekt 1: Lesung
Am wenigsten aufwändig ist es, wenn die Lehrperson eine Lesung mit Rühle vereinbart. Da die Schülerinnen und Schüler das Buch gut kennen, kann es nach der Lesung zu einem lebendigen Gespräch mit dem Autor kommen. Trotzdem lohnt es sich, die Schülerinnen und Schüler im Vorfeld aufzufordern, ein paar Fragen zu notieren und sie in die Moderation miteinzubeziehen.
Es besteht aber auch die Möglichkeit, die Lesung von den Schülerinnen und Schülern organisieren zu lassen, entweder von der ganzen Klasse mit verteilten Aufgaben oder von einer Gruppe (**Kopiervorlage 11**). In jedem Fall garantiert das Projekt so selbstorganisiertes Lernen par excellence.
Die Organisation einer Lesung ist mit viel Engagement und Zeitaufwand verbunden. Oft sind die Rahmenbedingungen dafür ungünstig. Einfacher ist es, stattdessen einen Brief an Rühle zu schreiben mit all den Fragen, die die Schülerinnen und Schüler an den Autor haben (über den Verlag an Alex Rühle schicken: Ernst Klett Sprachen, Rotebühlstraße 77, 70178 Stuttgart). Die Erfahrung zeigt, dass Autoren in der Regel antworten.

Projekt 2: Einblick in Zeitungsarbeit
Die meisten regionalen und überregionalen Tageszeitungen bieten den Schulen ein Zeitungsprojekt an, es genügt ein Anruf oder eine Anmeldung online. Die Zeitungen stellen in der Regel hilfreiches Unterrichtsmaterial zur Verfügung. Man kann das Projekt allerdings auch in Kooperation mit der *Süddeutschen Zeitung* durchführen und dann aktuelle Artikel von Alex Rühle lesen (http://schule-und-zeitung.sueddeutsche.de), eine besondere Art der Wiederbegegnung. Nach der Lektüre von Rühles Buch bietet es sich an, einen thematischen Schwerpunkt auf die Arbeit im Feuilleton zu legen – Rühles Brotberuf. Falls man die Redaktion und das Verlagshaus einer Zeitung besucht, lohnt es sich, die Mitarbeiter zu fragen, bei wie vielen Arbeitsprozessen sie auf das Internet angewiesen sind. So wird deutlich, mit welchen Einschränkungen Rühle während seines Experiments zurechtkommen musste.

Klausuren

Klausurvorschlag I richtet sich an Schülerinnen und Schüler, die es bevorzugen, analytisch zu arbeiten, Klausurvorschlag II an solche, die gerne kreativ schreiben. Die Schülerinnen und Schüler sind am Ende der Unterrichtseinheit auf beide Klausuren vorbereitet.

Für den **Klausurvorschlag I** sind die Module 1.4, 1.6 und 2.5 besonders wichtig. Damit die Schülerinnen und Schüler während der Klausur nicht zu viel lesen müssen, gibt man als vorbereitende Hausaufgabe die Einträge vom 18. Dezember, 6. Januar und 6. Februar zum gründlichen Lesen auf.

Für den **Klausurvorschlag II** sind die Module 1.1, 2.2 und 2.4 besonders wichtig. Die Schülerinnen und Schüler müssen die Aufzeichnungen zu ihrem Fastenprojekt zum Klausurtermin dabeihaben.

Für beide Klausuren sollte man 1 Doppelstunde veranschlagen. Aufgabenstellungen für die beiden Klausurvorschläge sind auf S. 48 zu finden.

Erwartungshorizont

Klausurvorschlag I: Die Schülerinnen und Schüler sollen die Begegnung von Rühle mit Hartmut Rosa am 19. März analysieren, interpretieren und in den Gesamtzusammenhang einordnen.

Die Begegnung mit Rosa verläuft für Rühle einerseits ernüchternd, andererseits bereichernd: Auch Rosa wirkt gehetzt und hat seine Termine nicht unter Kontrolle. Aber seine Gedanken zur Beschleunigung unseres Lebens sind klug. Das hebt Rühle hervor, indem er diese Passagen in direkter Rede wiedergibt und sie entweder gar nicht oder ernsthaft kommentiert. Sie sind sachlich formuliert und geben Einblick in die Sprache der Wissenschaft. Jene Passagen, in denen Rosa als sprichwörtlich zerstreuter Professor geschildert wird, sind dagegen voller Komik.

An- und Abreise nach Jena bilden den Rahmen der Begegnung. Die Anekdote von der Zugverspätung zu Beginn bereitet – inhaltlich und sprachlich – die Begegnung mit dem getriebenen Rosa vor. Das Ende nimmt mit dem Varnhagen-Zitat den wertvollen Ratschlag Rosas auf, die Langsamkeit zu kultivieren.

Die Beschäftigung mit Rosas Studie und die Begegnung mit ihm ermöglichen Rühle den Diskurs über das Thema „Internet" in einen größeren Zusammenhang zu stellen und dies anschaulich in seinem Tagebuch zu präsentieren. So ist die Begegnung mit Mohol die passende Geschichte zu Rühles erstem Grund für das Fastenprojekt – zu testen, wie abhängig er vom Internet ist – und die Begegnung mit Rosa die passende Geschichte zu Rühles zweitem Grund – der vorurteilsfreien Standortbestimmung in der kontroversen Diskussion um das Internet. Die Begegnung mit Rosa hat noch eine weitere Funktion: Sie ist das Pendant zur Geschichte der Eisenbahn, die Rühle heranzieht, um die Bedeutung der Beschleunigung in der Vergangenheit aufzuzeigen. Rosa erklärt diese Bedeutung für die Gegenwart.

Klausurvorschlag II: Die Schülerinnen und Schüler schreiben einen Tagebucheintrag, in dem sie ein Fazit ihres eigenen Fastenprojektes ziehen.

Die Arbeiten lassen sich anhand der Kriterien für „tolle Geschichten" bewerten. Das sollten die Schülerinnen und Schüler aus Gründen der Transparenz vorher wissen.

Verzichten und Gewinnen

Der Journalist Alex Rühle verzichtete 6 Monate lang (beinahe) konsequent auf das Internet, das er sonst beruflich wie privat täglich nutzte. Er wollte wissen, was passiert, wenn er auf etwas für ihn so Wesentliches verzichtete, und hat darüber ein Tagebuch geschrieben.

1. *Schokolade, PC-Spiele, Energy-Drinks, Handy, Facebook, Fleisch, Musik, Fernsehen, Burger, Kaffee – was konsumierst du täglich, auf was würdest du nur ungern verzichten?*

2. *Welche Vorteile kann Verzicht deiner Meinung nach bringen? Notiere einige Stichworte.*

3. *Nun bist du an der Reihe mit einem Fastenprojekt: Überlege dir, auf was du mindestens 2 Wochen lang verzichten willst. Beginne den Bericht am Vortag deines Versuchs.*

Anregungen für den Fastenbericht

Halte jeden Tag fest! Schreibe von deinen Problemen beim Fasten! Schreibe von den positiven Effekten deines Verzichts! Gib ehrlich zu, wenn du das Fastenprogramm unterbrochen hast!
Es ist nicht notwendig, dass du jeden Tag in aller Ausführlichkeit berichtest. Aber es könnte interessant sein, wenn du ab und zu außer den Eckdaten auch noch weiterreichende Überlegungen, Gefühle und Erlebnisse festhältst.

Fastenvertrag

Hiermit verspreche ich, vom _____ bis zum _____ sowohl zu Hause als auch in der Schule, bei Freunden und bei Freizeitaktivitäten auf _____ konsequent zu verzichten. Ich werde über meine Fastenzeit schonungslos berichten, eventuelle Rückfälle nicht verschweigen, tapfer sein und mir immer wieder die Vorteile ins Bewusstsein rufen, die mein Verzicht mit sich bringt.
Ich möchte mit dem Verzicht prüfen, ob _____.
Von meinem Verzicht erhoffe ich _____.

_____   _____
Ort, Datum   Unterschrift

Wer ist der Proband?

1. Erstelle ein fiktives Facebook-Profil von Alex Rühle. Lies dafür die Einträge vom 1., 2. und 7. Dezember (S. 14 ff., 17 ff., 26 ff.) gründlich und markiere alle Informationen, die du über den Autor erhältst.

2. Ein Tagebuch verspricht, viel über den Verfasser zu verraten. Untersuche, ob Rühle eher freizügig oder zurückhaltend über Privates berichtet, zu welchen Themen er offener schreibt und über welche er schweigt. Begründe deine Meinung und überlege, weshalb Rühle sich so verhält.

3. Alex Rühles Einstellung zu Facebook erfahrt ihr auf S. 92, Z. 5 ff. Diskutiert eure Erfahrungen und Einstellungen zu Facebook. Dazu könnt ihr auch aktuelle Artikel aus der Presse oder dem Internet miteinbeziehen.

Alex Rühle

Profil bearbeiten

Allgemeine Informationen

Derzeitiger Wohnort:

Heimatstadt:

Ich bin: ☐ männlich ☐ weiblich

Interessiert an: ☐ Frauen ☐ Männern

Sprachen:

Über mich:

Freunde und Familie

Beziehungsstatus:

Familie:

Freunde:

Ausbildung und Beruf

Arbeitgeber: Süddeutsche Zeitung

Hochschule:

Schule:

Philosophie

Religion:

Politische Einstellung:

Personen, die dich inspirieren:

Lieblingssätze:

Kunst und Unterhaltung

Musik:

Bücher:

Filme:

Fernsehen:

Spiele:

Sport

Lieblingssportarten:

Lieblingsmannschaften:

Lieblingssportler:

Aktivitäten und Interessen

Aktivitäten:

Interessen:

Andere Seiten, die dir gefallen:

Die Denkwelt von Alex Rühle

1. *Lies die 18 Fußnoten auf folgenden Seiten:*
   12, 14, 17, 18 (*), 24, 27, 36, 43, 55, 61, 70, 72, 87, 99, 110, 124, 125
   Achte immer auf den Zusammenhang, in dem Rühle die erklärte Person oder den Begriff verwendet.

2. *Spielt ein Quiz zu den Erklärungen in den Fußnoten. Überlegt euch zu 9 der Fußnoten je eine Quizfrage und ordnet allen Fragen eine geeignete Themenkategorie und je nach Schwierigkeit der Frage entweder 20, 40 oder 60 Punkte für die richtige Antwort zu. Es gibt jeweils 3 Fragen für 20, 40 und 60 Punkte.*
   Als Themenkategorien könnt ihr folgende benutzen: Geschichte, Gesellschaft, Literatur, Medien, Philosophie, Wirtschaft.

   Beispiel:
   - Lies eine Fußnote und den Kontext, in dem sie steht.
   - Verfasse eine Quizfrage zu der Fußnote. Für die Fußnote S. 18 (**) etwa: „Rühle ist erschüttert über sein schlechtes Erinnerungsvermögen. Darum mag er den Satz ‚Erinnerung ist der lange Sonnenuntergangsschatten der Wahrheit', der von dem russisch-amerikanischen Schriftsteller _____ (Vladimir Nabokov) stammt."
   - Lege die Rubrik und die Punktezahl für die Quizfrage fest. Dazu musst du einen Überblick über alle zu verwendenden Fußnoten haben, sonst lässt sich der Schwierigkeitsgrad nicht beurteilen. Für das Beispiel: „Literatur 40". Die Rubrik wird auf die Liste der Quizfragen und an eine passende Stelle des Fragenrasters geschrieben.

	❶	❷	❸
	20	20	20
	40	40	40
	60	60	60

Sucht und Entzug: die Geschichte von Thomas Mohol

> Früher begann mein Tag damit, dass ich, noch im Bett, vorm Kaffee, vor der ersten Zigarette, schlaftrunken Mails checkte und auf Facebook schaute, ob noch jemand geschrieben hat in der Nacht. Und abends vorm Schlafengehen war das auch das Allerletzte, was ich gemacht habe.
>
> (S. 68, Thomas Mohol)

> Eigentlich habe ich den Blackberry nur bestellt, weil man damit Tag und Nacht seinen Mail-Account mit sich herumträgt. […] Zu Hause habe ich den Blackberry abends meist auf den Schuhschrank gelegt; da hat es B. nicht so mitbekommen, wenn ich mir vor dem Zubettgehen, auf dem Weg zum Klo, schnell noch die letzte Tagesdosis reingezogen habe.
>
> (S. 29 und 30, Alex Rühle)

> Apropos, was sagt eigentlich der „Pschyrembel" zu meiner Abhängigkeit? […] ah hier: „gekennzeichnet durch starkes, gelegentlich übermächtiges oder zwanghaft auftretendes Verlangen, eine Substanz zu konsumieren, um sich positive Empfindungen zu verschaffen oder unangenehme zu vermeiden; verminderte Kontrollfähigkeit über Beginn, Beendigung und Menge des Substanzgebrauchs einschließlich erfolgloser Versuche, diesen zu verringern; Einengung und Anpassung der Alltagsaktivitäten auf die Möglichkeit oder Gelegenheit zum Substanzkonsum; Vernachlässigung wichtiger sozialer oder beruflicher Interessen; fortgesetzter Substanzgebrauch trotz Wissens über dessen schädliche Folgen".
>
> (S. 124 f.)

1. Lies die Textausschnitte oben. Überlege, wie sie miteinander zusammenhängen.

2. Vergleiche die Geschichte der Internet-Abhängigkeit von Alex Rühle und Thomas Mohol in einer Tabelle. Lies dafür gründlich die Einträge vom 2., 6., 7. und 18. Dezember und vom 15. Januar (S. 17 ff., 25 f., 26 ff., 43 ff., 66 ff.).

3. Ziehe ein Fazit: Was ist Rühle und Mohol gemeinsam, worin unterscheiden sie sich? Welche Funktion hat Mohols Geschichte in Rühles Tagebuch?

Schreckgespenster Eisenbahn und Internet

1. Führt eine Meinungsumfrage mit dem untenstehenden Fragebogen durch.

2. Vergleicht die aktuellen Meinungen zum Bahnfahren mit Stimmen aus dem 19. Jahrhundert (S. 2, Z. 65–68). Bildet dafür 6 Gruppen. Je 2 widmen sich den Themen „Geschwindigkeit" (Frage 1), „Der Blick aus dem Zug" (Frage 2) oder „Zugfahren und Müdigkeit" (Frage 3). Stellt den aktuellen Meinungen diejenigen aus dem 19. Jahrhundert auf einem Plakat gegenüber.

3. Stelle dir vor, du lebst im Jahr 2150, und schreibe eine Satire über die für dich unsinnigen und lächerlichen Argumente gegen das Internet, die kurz nach seiner Erfindung dagegen vorgebracht wurden. Verwende dabei Informationen, die Rühle dazu gibt: die Studie im Wall Street Journal (S. 30, Z. 21 ff.), die Studie des University College London (S. 47, Z. 12 ff.), das Projekt der Google-Zentrale in Zürich (S. 60, Z. 17 ff.), die Studie einer IT-Firma (S. 89, Z. 31 ff.), das Experiment einer Schweizer Werbeagentur (S. 91, Z. 29 ff.), das Google-Porträt in Le Tigre (S. 104, Z. 31 ff.) oder den Bericht über die World-of-Warcraft-Opfer (S. 120, Z. 25 ff.).

Meinungsumfrage

1 Hochgeschwindigkeitszüge – ein brisantes Thema. Sollte Ihrer Meinung nach der geplante ICE 4 schneller als 330 km/h fahren?
☐ ja
☐ nein

Warum (nicht)? _____

2 Reservieren Sie lieber einen Platz am Fenster oder im Gang?
☐ am Fenster
☐ im Gang

Warum? _____

3 Können Sie im Zug entspannen oder sogar schlafen?
☐ ja
☐ nein

Wenn Sie **ja** angekreuzt haben: Fühlen Sie sich dann am Reiseziel entspannt?
Wenn Sie **nein** angekreuzt haben: Beschreiben Sie, wie die Umgebung im Zug gestaltet sein müsste, damit Sie entspannen oder schlafen können.

6.1

Die Exkurse: Fernglas oder Lupe?

Der Exkurs ist eine Abschweifung, führt also von der eigentlichen Erzählung weg.
In der klassischen Rhetorik (der Lehre von der Redekunst) dient die Abschweifung dazu, den Adressaten emotional von der eigenen Argumentation zu überzeugen. Dem Exkurs wird also mehr Überzeugungskraft zugetraut als dem eigentlichen Gegenstand des Erzählten. Formal steht der Exkurs häufig an Gelenkstellen, als Übergang zu einem neuen Gedanken. Streng genommen soll der Exkurs nicht zu umfangreich sein und in einem angemessenen Verhältnis zum übrigen Text stehen.
Ohne Netz enthält sehr viele solcher Exkurse. Untersuche ihre Funktion: Ist Rühles Selbstversuch der Vorwand, um eine Reihe anderer Geschichten und Gedanken mit dem Fernglas zu beobachten, oder dienen die Geschichten und Gedanken dazu, Rühles Selbstversuch unter die Lupe zu nehmen?

1. Lies den obenstehenden Text und erstelle eine Liste von den Merkmalen eines Exkurses.

2. Analysiere die 8 Exkurse, die Alex Rühle in folgenden Eintragungen verwendet:

18. Januar	22. Februar	24. April
24. Januar	22. März	16. Mai
1. Februar	16. April	

3. Welche Funktionen erfüllen die Exkurse bei Rühle? Ziehe für deine Überlegungen deine Merkmalliste heran. Denke darüber nach, ob die Exkurse den Ausführungen zum Selbstversuch dienen oder umgekehrt.

4. Erinnerst du dich noch andere Exkurse von Rühle? Lass dir Zeit beim Nachdenken. Überlege, warum dir einige im Gedächtnis geblieben und andere entfallen sind.

Exkurs vom 18. Dezember

Inhalt:
Der Journalist Fabrizio Gatti schreibt in einem Buch davon, dass die E-Mail-Adresse die einzige Möglichkeit von afrikanischen Flüchtlingen bietet, mit ihrer Familie und ihren Freunden in Kontakt zu bleiben.

Aussage:
Für die afrikanischen Flüchtlinge ist das Internet von existenzieller Bedeutung.

Selbstversuch vom 18. Dezember

Gedanken zum Selbstversuch:
Rühle kämpft mit den Schwierigkeiten, die der Arbeitsalltag ohne Internet mit sich bringt, beispielsweise beim Übersetzen.

Aussage:
Die Menschen in der westlichen Welt werden vom Internet abgelenkt, sie bekommen die existenziellen Dinge nicht mehr mit.

Exkurs vom _____	Selbstversuch vom _____
Inhalt:	Gedanken zum Selbstversuch:
Aussage:	Aussage:

Exkurs vom _____	Selbstversuch vom _____
Inhalt:	Gedanken zum Selbstversuch:
Aussage:	Aussage:

Exkurs vom _____	Selbstversuch vom _____
Inhalt:	Gedanken zum Selbstversuch:
Aussage:	Aussage:

Exkurs vom _____	Selbstversuch vom _____
Inhalt:	Gedanken zum Selbstversuch:
Aussage:	Aussage:

Tagebuch: (Über-)Lebenshilfe, Selbstergründung, Kommerz?

1. Suche in Nachschlagewerken oder im Internet nach Definitionen für „Tagebuch" und „Blog". Schreibe die wichtigsten Merkmale heraus.
Welche Merkmale sind nur für das Tagebuch oder den Blog relevant, welche für beide? Erstelle ein Schaubild zu den Merkmalen.

2. Diskutiert, wie Rühles Tagebuch zu diesen Definitionen passt. Belegt eure Aussagen am Text.

3. Schreibe einen eigenen Tagebuch- oder Blogeintrag. Wähle dafür einen der folgenden Arbeitsaufträge aus. Gehe in beiden Fällen davon aus, dass der Eintrag veröffentlicht werden soll. Darum musst du ihn interessant und lesenswert gestalten. Achte darauf, dass du nur über Dinge schreibst, die auch in die Öffentlichkeit gelangen dürfen.
a) Sofern du selbst ein Fastenprojekt durchgeführt hast, kannst du mit Hilfe deiner Notizen einen ausführlichen Tagebuch- oder Blogeintrag schreiben.

oder

b) Schreibe einen Tagebuch- oder Blogeintrag über den gestrigen Tag.

Tipp zum Weiterlesen

Wer mag, kann den Blog einsehen, den Alex Rühles Verlag während seines Netzentzugs über die Entstehung des Buches führte: http://ohne-netz.de/netzstille

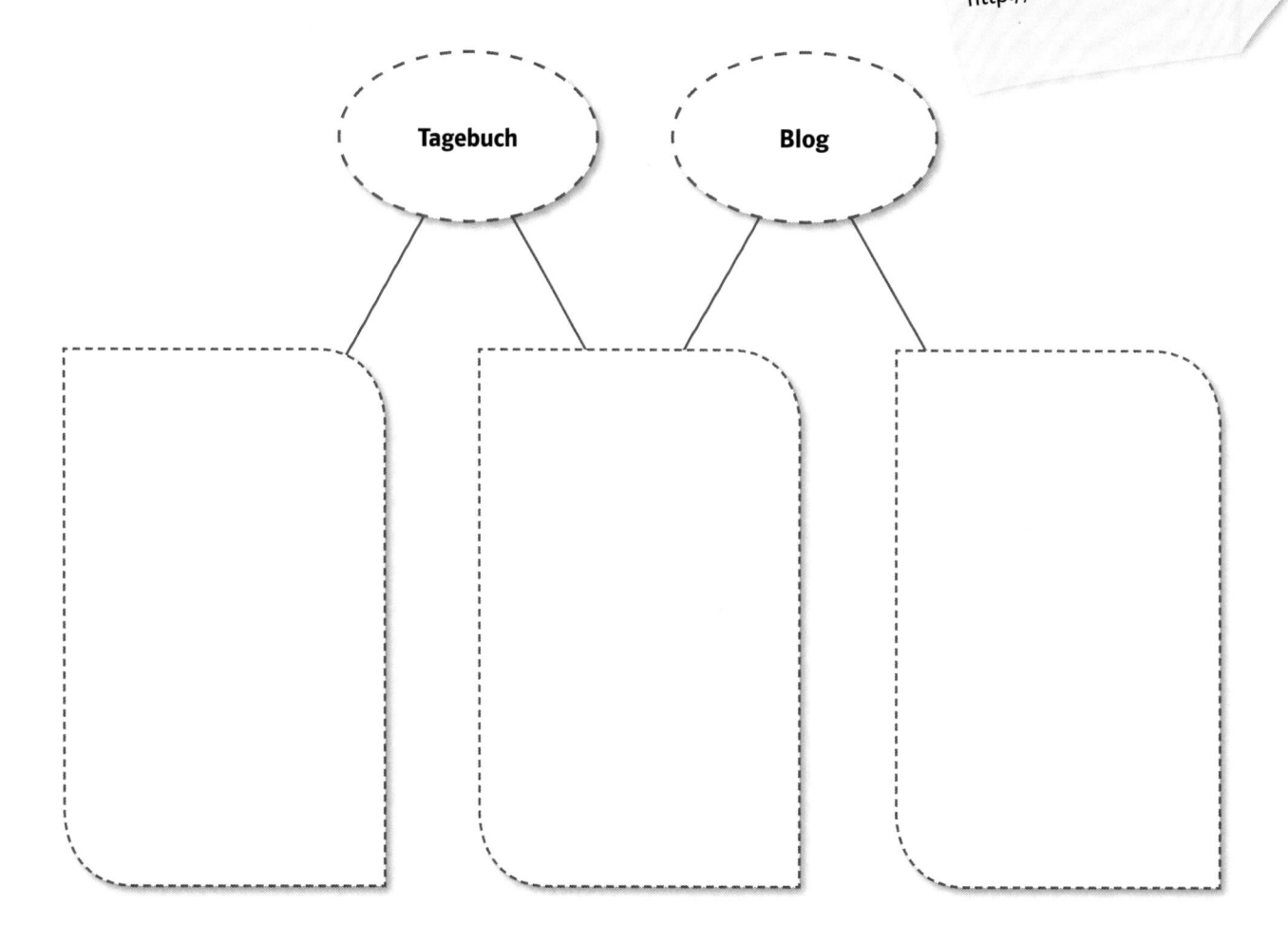

Wortakrobatik und Umgangssprache

Im Eintrag vom 27. Februar (S. 95 f.) benutzt Alex Rühle einige stilistische Mittel oder „Kunstgriffe":

Apostrophe	Hinwendung des Sprechers zum Publikum oder auch zu Dingen
bricht mitten im Wort ab	
direkte Rede	Äußerungen eines Sprechers werden wortwörtlich wiedergegeben
Ellipse	grammatikalisch unvollständige Sätze
Hypotaxe	Über- und Unterordnung von Satzgliedern und Sätzen
Komik	Aufeinandertreffen ungleicher Situationen oder Prinzipien, die zum Lachen reizen
(Selbst-)Ironie	der Sprecher meint das Gegenteil von dem, was er schreibt
Metapher	Bedeutungsübertragung: eine bekannte Wortbedeutung wird in übertragener (meist bildlicher) Bedeutung gebraucht
Parataxe	Reihung von gleichwertigen Satzgliedern oder Sätzen
Repetitio, hier oft in Form eines **Trikolons**	Wiederholung (oft mit steigernder Wirkung) dreigliedrige Steigerung
rhetorische Frage	Frage, bei der keine Antwort erwartet wird; die Antwort ist dem Leser klar: auf eine positive Frage folgt eine negative Antwort und umgekehrt
Schimpfwort	
schreibt von sich in der 2. Person Singular	Abweichung von der Norm: üblicherweise schreibt man von sich selbst in der 1. Person Singular
Tempuswechsel	Wechsel der grammatischen Zeitform; besonders wirkungsvoll, wenn keine semantische (inhaltliche) Notwendigkeit für den Wechsel besteht
Umgangssprache	mündliche Sprache des Alltags, vom regionalen, sozialen und gesellschaftlichen Umfeld des Sprechers geprägt; abhängig vom Bildungsgrad
Vergleich	Verdeutlichung eines Sachverhalts durch einen anderen, mit dem es eine hervorstechende Gemeinsamkeit gibt

1. *Ordne die sprachlichen und grammatikalischen Kunstgriffe den passenden Formulierungen im Text S. 95 Z. 11 bis S. 96 Z. 16 zu. Vielleicht kennst und findest du noch weitere Kunstgriffe im Eintrag vom 27. Februar.*

2. *Welche Wirkung haben die Kunstgriffe, die du in Rühles Eintrag vom 27. Februar entdeckt hast? Beschreibe sie in Stichworten. Wundere dich nicht, wenn die gleiche Wirkung von unterschiedlichen Kunstgriffen erzeugt wird.*

3. *Wende die eben erworbenen Kenntnisse an. Wähle dafür eine der folgenden Schreibaufgaben aus:*

a) *Analysiere und interpretiere Rühles Eintrag vom 15. Januar (die Begegnung mit Thomas Mohol). Achte darauf, mit welchen sprachlichen und grammatikalischen Kunstgriffen Rühle seine inhaltliche Aussage unterstreicht.*

oder

b) *Schreibe zu deinem Fastenprojekt einen Tagebucheintrag und wende dabei bewusst sprachliche Kunstgriffe an. Nimm deinen Fastenbericht als Erinnerungshilfe. Falls du bereits einen Tagebucheintrag ausformuliert hast, kannst du diesen entsprechend überarbeiten.*

4. *Rühle schreibt seine Texte am Computer. Pro Tag schreibt er über 40 E-Mails. Rühles Chef Thomas Steinfeld vertritt in seinem Buch* Der Sprachverführer *die Meinung, dass sich Sprache durch diese Art von Schreiben verändert. Diskutiert darüber, ob Steinfeld Recht hat oder nicht.*

Das Schreiben auf dem Computer, von der E-Mail bis zum Blog, kennt, zum einen, nur wenige feste Formen. (Das liegt vor allem daran, dass es weniger Respekt vor der Sprache als Werkzeug erheischt.) Denn das Schreiben vollzieht sich ja, zunächst wenigstens, ohne sichtbar gegenständliches Speichermedium und kennt keine Ansprüche auf formale Korrektheit, von der Orthographie bis hin zur gerade Linie. Es braucht keine Vorbilder, und was da gesendet wird, muss grammatisch oder orthographisch nicht richtig sein, denn es fordert keine Allgemeinheit, sondern befindet sich, weil unendlich veränderlich, viel mehr als in früheren Zeiten der Brief im Zustand der ewigen Vorläufigkeit, beherrscht von momentanen Stimmungen und Gedanken. Ein großer Teil der Texte, die auf einem Computer verfasst werden, trägt daher Züge der gesprochenen Sprache, von Satzabbrüchen bis hin zu Zwischenrufen. Und viele E-Mail-Wechsel gleichen gar notierten mündlichen Dialogen.

(aus: © Thomas Steinfeld, Der Sprachverführer. Die deutsche Sprache: was sie ist, was sie kann. Carl Hanser Verlag München 2010)

Generationenkonflikt Internet

1. Lies den Eintrag vom 5. Januar (S. 55 ff.) aufmerksam. Fülle das Schaubild vom Verlauf der Begegnung aus. Kennzeichne darin farbig, wann das Gespräch friedlich, wann es aggressiv verläuft.

Rühle

- **1. Frage:** allgemein nach dem Wohlbefinden
- **2. Frage:** ____
- **3. Frage:** ____
- **4. Frage:** ____
- **5. Frage:** ____

die vier „Kerle"

- **1. Reaktion:** genervt von „Spinner"
- **2. Reaktion:** ____
- **3. Reaktion:** ____
- **4. Reaktion:** ____
- **5. Reaktion:** ____

2. Markiere im Text mit zwei unterschiedlichen Farben auffällige sprachliche Wendungen einmal von Rühle, einmal von den „Kerlen".

3. Stelle die Begegnung zwischen Rühle und den Jugendlichen aus anderer Perspektive dar.

a) Schreibe die Begegnung entweder aus der Perspektive des „Rädelsführers" oder des Jungen auf, der von Rühle ein Foto macht. Verfasse den Eintrag in Jugendsprache. Übertreibe bewusst. Rühles Antworten sollen barock bleiben. Halte dich an den Verlauf des Gesprächs.

oder

b) Überlegt euch in einer kleinen Gruppe, wie ihr die Begegnung szenisch darstellen könnt. Macht einen der „Kerle" zum Erzähler der Szene oder setzt einen anderen Erzähler ein, der stille Momente, Ortswechsel und Ähnliches kommentiert. Achtet auf die sprachlichen Eigenheiten der Figuren.

Am Ende: Lob und Kritik

1. *Suche im Internet nach Rezensionen und Meinungen über Axel Rühles Buch* Ohne Netz – Mein halbes Jahr offline. *Was sagen sie aus über die Stärken oder Schwächen des Buches?*

2. *Schreibe eine eigene Rezension über Alex Rühles Buch.*

Rezension

„Rezension" ist die Bezeichnung für die kritische Besprechung eines Buches, Filmes oder einer Theateraufführung. Meist werden Rezensionen in Zeitungen, Zeitschriften oder im Radio veröffentlicht. Inzwischen gibt es auch viele Rezensionen im Internet.

Der Rezensent informiert über den Inhalt eines Buches und seine stilistischen Besonderheiten, informiert kurz über den Autor, bewertet das Buch, spricht eine Empfehlung aus.

Es gibt keine festen Vorschriften zum Aufbau einer Rezension. Man kann zum Beispiel folgende Reihenfolge wählen:

- erweiterte Inhaltsangabe:
  - Was und wie wird erzählt oder geschrieben?
  - Welche Passagen hinterlassen warum einen bleibenden Eindruck?
  - Was hat der Autor außer dem Buch noch geschrieben?

- Kritik:
  - Was gelingt dem Autor?
  - Was gelingt ihm weniger?
  - An welchen Textstellen lässt sich das belegen?

- Empfehlung:
  - Die Rezension darf subjektiv sein, sollte aber sachlich bleiben.

Es macht einen Unterschied, ob sich die Rezension an die Leser einer Tageszeitung oder an die einer Schülerzeitung wendet. Sprache und Stil der Rezension sollten dem Adressaten angepasst sein.

Begegnung mit Alex Rühle: eine Lesung organisieren

Wenn man eine Autorenlesung organisieren möchte, gibt es einiges zu beachten und vorzubereiten:

- Überlegt euch, in welchem Rahmen die Lesung stattfinden soll: in der Schule (für mehrere Klassen oder nur für eure Klasse), in der Bücherei, der Buchhandlung, dem Jugendhaus vor Ort oder anderswo?

- Fragt beim Verlag nach, wie ihr Kontakt mit dem Autor aufnehmen könnt. Vereinbart mit ihm einen Termin und das Honorar.

- Wohnt ihr weit weg vom Wohnort des Autors? Dann müsst ihr eventuell eine Übernachtungsmöglichkeit für ihn organisieren. Ihr müsst auch die Reise- und Übernachtungskosten übernehmen. Vergesst das in eurer Kalkulation nicht.

- Überlegt euch, wie ihr das nötige Geld zusammenbekommt: Wollt ihr Eintritt verlangen? Findet ihr Sponsoren? Unterstützt euch der Förderverein der Schule? Falls ihr die Lesung nur für eure Klasse organisiert, könnt ihr euch an den Friedrich-Bödecker-Kreis wenden, er übernimmt derzeit rund 200 Euro pro Lesung.

- Möchtet ihr die Presse einladen oder selbst im Lokalteil der Zeitung von der Lesung berichten? In beiden Fällen müsst ihr Kontakt mit eurer Tageszeitung vor Ort aufnehmen.

- Überlegt euch, wer die Lesung moderiert. Am besten bereitet ihr außer der An- und Abmoderation ein paar Fragen vor. Vielleicht wollt ihr dem Autor einige von euren Texten vorlesen (zum Beispiel eine „tolle Geschichte" oder einen von euren Tagebucheinträgen). Was fällt euch noch ein?

- Wenn ihr die Lesung nicht nur für eure Klasse, sondern für einen größeren Kreis geplant habt, müsst ihr euch um Werbung kümmern, damit ausreichend Zuhörer und Zuhörerinnen zur Veranstaltung kommen.

- Falls der Autor mit öffentlichen Verkehrsmitteln anreist, sollte er am Bahnhof abgeholt werden.

- Vergesst nicht, bei der Lesung dem Autor ein Glas Wasser bereitzustellen.

Internet-Adressen:
Lektüren von Ernst Klett Sprachen   http://www.lektueren.com/kontakt.html
Friedrich-Bödecker-Kreis   http://www.boedecker-kreis.de

Klausurvorschlag I: Analyse und Interpretation

Die Beschäftigung mit Hartmut Rosas Studie *Beschleunigung – Die Veränderung der Zeitstrukturen in der Moderne* von 2005 ist für Alex Rühle von großer Bedeutung. Er schreibt davon am 18. Dezember (S. 43, Z. 16 ff.), am 6. Januar (S. 58, Z. 23 ff.) und 6. Februar (S. 87, Z. 8 ff.). Ein paar Wochen später, am 19. März, besucht er Hartmut Rosa.

Untersuche, welche Funktion die Begegnung mit Hartmut Rosa in Rühles Tagebuch hat. Gehe bei der Analyse und Interpretation zunächst von dem Eintrag am 19. März (S. 99 ff.) aus. Beachte auch sprachliche Besonderheiten. Ordne abschließend die Begegnung mit Hartmut Rosa in den Gesamtzusammenhang von Rühles Tagebuch ein.

Klausurvorschlag II: Kreatives Schreiben

Rühles Tagebuch schließt mit Überlegungen ab, die er ein Jahr nach seinem Fastenprojekt anstellt (S. 140 ff.). Dein Fastenprojekt liegt zwar noch nicht so lange zurück, ein erstes Fazit kannst du aber dennoch ziehen.

Schreibe in Form eines Tagebucheintrags die Erkenntnisse auf, die du bei deinem Fastenprojekt gewonnen hast. Stelle dir vor, der Tagebucheintrag würde veröffentlicht. Ordne deine Gedanken darum sinnvoll, stelle sie in einen größeren Zusammenhang (bedenke beispielsweise die Bedeutung von Diäten für Frauen), achte auf eine interessante sprachliche Gestaltung. Jeder soll deinen Eintrag mit Gewinn und Vergnügen lesen.
Deinen Fastenbericht darfst du zu Hilfe nehmen.